Worte
sind schon auch
WO ORTE
des Wohlbefindens

14.12.2018

Rudolf Krieger

Safa-
Ufer oder Sprache

Gedichte

Impressum:

edition sonne und mond
Wien, 2o17
ISBN: 978-3-9503442-2-6
www.sonneundmond.at

Lektorat: Thomas Raab
Umschlagfoto: Bernhard Krieger
Rückcover: Rudolf Krieger
Layout und Satz: Mathias Hentz

Druck: Graspo - cz

Mit freundlicher Unterstützung durch
das Kulturamt der Stadt Wien

Gewidmet
meiner Mutter Aloisia Krieger
und meinem Onkel Peter
die meine Tage bilden

Inhalt

Als ob du da wärst sehe ich in den Tag	Seite 6
Angst	Seite 7
Geschenk für den Tag	Seite 8
Teich der Finsternis	Seite 9
Winterstimme des Teiches	Seite 10
Winternacht	Seite 11
Sprache	Seite 12
Grenze	Seite 15
Liebe	Seite 17
Verzweiflung	Seite 19
Wind	Seite 22
Nacht (Elegie)	Seite 24
Feuer	Seite 26
Wasser	Seite 28
Mist (Elegie)	Seite 30
Deine Liebe kommt zu mir	Seite 32
Die Haut der Stimme	Seite 34
Erde	Seite 36
Es ist mir	Seite 39
Furcht	Seite 43
Garten	Seite 46
Ich liebe eine tote Frau	Seite 49
Ich mache mir Sorgen	Seite 52
Ich möchte keinen Tag aus dir versäumen	Seite 56
Leere	Seite 59
Noch einmal möchte ich dich lieben	Seite 62
Schatten oder endloses Kleid der Nacht	Seite 65
Schmerz	Seite 69

Schönheit oder ein einziger Tag in vielen	Seite 73
Sterben	Seite 79
Stimme	Seite 82
Sucht	Seite 84
Vergessen	Seite 87
Wenn ich noch einmal leben könnte	Seite 90
Zu was sollte ich noch einmal lachen	Seite 93
Farbe	Seite 96
Körper	Seite 100
Trennung	Seite 104
Zeichnung (Elegie)	Seite 108
Freundschaft	Seite 112
Nachwort	Seite 114
Biographie des Autors	Seite 116

Als ob du da wärst sehe ich in den Tag

Als ob du da wärst sehe ich in den Tag
als würde dein Blick
aus der Straße heraustreten
in seiner feinen Berührung als eine Grenze
und mir zublinzeln
deine Hand aus Luft
gläsern zerbrechlich
an meine Haare rühren
fast wie ein zarter Wind
der zarter noch
verkleidet als hellrotes Gefieder
meine Lippen benetzt
fast so
als würden die Zeilen dich schreiben
als sähe ich dich in meinen Tag
ja so
als würde ich eine Welt betreten
die zu diesem Zeitpunkt
ihre Blütenblätter einem Tag öffnet
an dem du nicht bei mir warst
als hätte mein Tag seine Form verloren
in dir gefunden

11.01.2014

Angst

Eigenartig
ich liebe mich in deine Angst
auch wenn sie in der finstern Nacht
nach Hause geht
und doch bei mir
ihre Erschöpfung und Müdigkeit
ausruhen sollte
die mir erst
zögernd und schüchtern sagt
dass sie doch anwesend sei
dass es sie gibt für mich
vielleicht als besonderes und seltenes Geschenk
das ich behutsam
wie an seiner Schnur lösen darf
ja wenn sie sich um mich legt
wie manche Sprache
im Raum
in die Luft hinein fällt
und deine Hand auf mir
ihre Angst begreift
als wäre deine Angst in mir

gehe ich in den Spuren
aus einer Angst
aus dir

16.02.2014

Geschenk für den Tag

Geschenk für den Tag
an dem ich dich sah
ja dieser Tag wusste
dass deine Augen in mir auftauchen
er fühlte deine Hand
mein Fleisch benetzen
als würde sie aus Tiefe schreiben
liebkosen
was in mir noch formlos
sich eine Seele erschafft
dieser Tag
nahezu ein Schrei ohne Laut
um Wesen zu sein
dieser Tag
der sich begann in einer Liebe auszubreiten
fast wie ein Stern
der beständig
aus dem Himmel der Nacht auftaucht
um die wie neu oder frisch
erscheinende Erde zu betrachten
als eine Nacht die zwei Namen trägt
dieser Tag allein
der dich mir gab
der wartete
durch ein Leben

06.01.2014

Teich der Finsternis

Der Teich reizt
züngelt einer Flamme gleich
ein Herz
das nur empfangen kann
sein Rand als Gefieder
wilder Frucht der Träume
gelassen geträumt
in Gestaltlosigkeit
die Ader
die aus dem Wald dringt
ihn speist
aus einer Quelle
geboren im einen Blut
schwärzlich
getrunken
Keim der einen Teich erfüllt
umringt von sehenden Bäumen
bestimmt zur Blindheit
in ihnen
Wesen
das atmet
das lebt
ausgespart in Finsternis
rinnt aus in sich
Teich der Finsternis

04.01.2014

Winterstimme des Teiches

Meine Schritte fallen auf die Schwankungsbreite des Weges
fühlen sich nach seinem Ziel
ein Wort in seinem Körper zu entschleiern
das feucht auf der Haut klingt
der Teich spiegelt die Berührung eines Körpers
der den Himmel in sich birgt
seine Ränder fast schon die Grenze von Herzen
die verstummen in Worten
wie Blumen die lautlos verblühen
der Teich schweigt in der Sprache
seines Eises
das sanft seine Fläche liebkost
er ruht in seinem Wasser
das ihn von innen erfüllt
er wird auch nicht ungeduldig
in seiner aus Dunkelheit
gereiften
Grenze zur Welt
die sich beständig von seiner Erde
entfernt
lautlos spricht der Teich
über sich
die Stimme bricht in der Dichte des Waldes
der des Teiches Formen in sich trägt

04.01.2014

Winternacht

Die Nacht breitet sich
still aus dem Himmel
legt ihren Widerschein
in die Finsternis
fließt lautlos
in die Gedanken
in die Stimmen
und lässt die Herzen
schweben
als würden sie sich
der Luft erheben
dem Duft der Stille
der Stimme der Nacht

als würden sie
einen Körper
ihrer Gedanken
erheben
vollbracht im Schweigen
aller Wörter
wenn Worte blind
sich in die Augen schauen
und das Sehen in Stille erstarrt
fließt ein Wort in
zweisame Einsamkeit
und leert sich
aus seiner Hülle

04.01.2014

Sprache

Wesen
das immer wieder eine Zunge braucht
um sich auszudrücken
das auf den Lippen eines Mundes
eine Grenze erfährt
von der aus seine Erscheinung
sich darstellen kann
das jedoch blind ist
gegenüber dem Licht
in das es hinein fährt oder rollt
wie aus einer Gestalt aus Finsternis

Sprache
in der das Licht voller Behutsamkeit oder Undurchdringlichkeit
die Grenze wahrend schreitet
und diese Unruhe achtet
mit der die Gestalt in den Worten
ihre Form annimmt
Sprache
die selbst in ihren Lauten
dem Licht verborgen bleibt
die in ihrer Färbung
dem Licht zugänglich wird
die allein
der Mund eines Gesichtes
zu wandeln weiß
die als Blüte am Morgen
ihre Blätter wie der am Himmel
erzitternd brechende Blitz
aufspringen lässt
obwohl der Mund erst aus dem Schlafe reift
und sich dem Licht vor seinen Augen im Wort
vertraut macht
oder die Sprache
die sich am Abend
zärtlich über alle Dinge breitet
über ihnen zu ruhen beginnt
und als diese Ruhe sich der Decke
der unzähligen Nächte hingibt

Diese eine Sprache
die einen Bauch kitzelnd
zu einem Erbeben ermuntert
dessen Baryzentrum
immer am selben Ort liegt
oder die Sprache
die auf einen Zeh steigt
der sich bewusst bis an die Kronenspitze
der Empörung seiner Haare auffährt
fast wie ein sich umkehrender Blitz
und das Gefäß der Sprache
das die Trauer in sich wachsen fühlt
und noch immer mehr Gehalt
in seinen Inhalt füllt
eben genau die Sprache
die Trauer schützend oder lange trägt
als wäre sie ihr eigen

Vielleicht diese eine Sprache noch
die sich ohne Laut hinter der Türe versteckt
da sie das Licht nicht verträgt
eben die Sprache
die sich wie SELTEN spricht
aber aus Zuneigung und Vorsicht
Sprache
die die Erde nicht berührt
die viel eher über ihr schwebt
die aus der weißen Fläche ein Glitzern machen kann
in dem die Sprache allein wieder vergeht

als Fuß
der über alle Wege geht
und im Gehen die Erde bespricht
die der Sprache aufmerksam zuhört
da sie ein Herz
für ihr Wesen hat
das sie beständig
und in jedem Wort
als das letzte Ding aufnimmt

Sprache
die aus all ihren Bänden gesprochen
doch wieder dies eine Wort ergibt

12.01.2014

Grenze

Achtung
die sich verhüllt und daraus zu einem Schleier wird
der sanft um eine Gestalt zu betonen
all die gewachsene Schönheit oder Verblendung der Erde
in sich birgt
und sich bemüht
nicht zu verzweifeln

Als Brocken eines Lautes
der auf sich hören macht
wenn er gerade einmal träumt

Als Linie
die sich zur Sprache hin formt
die sich förmlich auf sie konzentriert
sich jedoch fortwährend bemüht
die eigene Ausdehnung zu verstehen

Als Möglichkeit
die in bunten Farben verkleidet
in eine Nacht tritt
aus der schwarz erscheinende Steine
sacht wie Ballone auf Wörter fallen
die ihre Form
lautlos in eine blühende Gestalt verwandeln
Grenze die sich legt
und in ihrer Ruhe dem Schlaf ähnelt
der vielleicht doch wieder in das Träumen gerät
Grenze die wenn nicht lautlos
doch den Geruch eines Tönenden ausbreitet

Grenze
die bei Tageslicht eigentlich nicht erkennbar ist
außer als Körper der sich nicht begreift
die immer bei sich bleibt
oder in sich ruhend keimt
und sich dann nicht mehr kennt
erkennt außer in dem Anderen

als wäre sie jetzt eher ein Fluss
der nach seinem Bett sucht

Grenze
die nicht fragt und trotzdem anwesend ist
die sich zu dehnen beginnt
wo sie als Apfel
aus einem Baum bricht
und sich wundert
dass sie eine ungewohnt frische Grenze unter sich fühlt
die NOCH ein Wort betrachtet
und dann verwandelnd in seinen Körper hinein spricht
die wie Tau tropft oder blüht
wenn sie nicht weiß
ob sie überrascht oder enttäuscht sein soll
Grenze die als Gegensatz immer das Eine in sich birgt

Ja Bett

das in der Reife
einer Grenze
Früchte aus einer Zeit erwachsen lässt
die aus einer Grenze nur einen Körper trägt

Ja Grenze
die lächelnd in ihrem Gesicht fortgeht
in eine Erinnerung
die sich nicht mehr erkennt
oder als Flügel

14.01.2014

Liebe

Liebe die von einem Himmel strahlt
als prasselnder Regen
der sein Ziel in Sanftheit antrifft
die als Haut eines Kleides an jedem Tropfen saugt
die über sich vergisst
dass der Himmel sich bedeckt
mit grauen, aus sich blühenden, ja keimenden Gewitterwolken
die selbst ihre Liebe verschenken
wo auf der Erde sie jemand ergeht

Die zwischendrin ruhend den Menschen berührt
wie ein Sofa
das sich anbietend entfremdet
da eine Decke es wärmt

Die vergisst beachtet zu werden
sich jedoch in den unscheinbaren, überraschenden Momenten zeigt
wo eine Hand etwas greift
das etwas ist
was nicht begreifbar

Die als Himmel sich erweist
in der Berührung von Körpern
durch die sie ihr Leben atmet

Liebe wenn nicht schon Himmel
der auf zwei Füßen geht
um seine Unfassbarkeit anzubahnen

Oder diese erwachsende Liebe
die zwischen den Regentropfen geht
da sie auf dem Trockenen eine Liebe spürt
die ihr auf nackten oder nassen Füßen begegnet
und sieht
dass die Schuhe behutsam getragen in den Händen
immer einen Himmel ergeben

Liebe die eine Geborgenheit stillt

die nicht einmal ein Zufall
auf der anderen Seite des Mondes ist

Ja eine Liebe
die als Flamme des Holzes züngelt
wo ein Holz als Baum im Wald noch gar nicht brennt
aber doch voll Anmut seinen entblößenden Schatten zeigt
einer Liebe des Lichtes
das sich als Herz pulsierend
um diesen Schatten schreibt
Liebe die sich selbst als Schatten des Feuers erkennt
da es keinen Spiegel des Widerscheins gibt

Liebe die trockene warme Füße
in die Dürre reibt
da der Körper das Wasser wie eine Wolke fließen lässt
zum Flussbett des Tuches
das die aufgesaugte Liebe trägt
als wäre sie eine noch nie gesehene Blume
in ihm

Tuch oder Blume
geweint aus einem liebenden Himmel
Liebe die keinen Laut von sich gibt
wenn sie um sich schaut
die berührt wie eine Hand aus einem Himmel
sanft über küssende Lippen streichelt
ja so kann Liebe ihr Leben erleben

Und diese eine Liebe des Schmerzes
die vertraut ist mit der Träne
die von sich aus fortgeht aus ihren Füßen
die sich aus all den Sätzen des Lebens spricht
und doch einen Ort in dir findet
der schweigend zu ihr spricht

05.01.2014

Verzweiflung

Wort
das sich aufgefächert
wie Verzweiflung fühlt
und deshalb genau in sich selbst
die Wirklichkeit vermeint
die ihr Leben in eine Sehnsucht schreibt
die als Himmel auf der Erde nicht möglich ist
außer sie ist nur verkleidet
und entpuppt sich als das Andere

Die als Türe
sich nicht selbst öffnet
oder durch sich hindurchgeht

Ruf
der sich hervorruft als das
was sie ist
oder eben etwas verborgen als Laut die Welt trifft
der einmal nur schreien möchte
und das nicht kann
was sie will

Als Wolke
die jedoch nicht an ihrem eigentlichen
Sein oder Sinn zweifelt
obwohl der Sinn sich im Zweifel oder Sein
selbst würgt oder regnen würde
die nur aus sich selbst vergeht
und niemand weiß wohin
die auch nicht als dieselbe zurückkommt
die als Wolke eben ihre Gestalt verändert
aber nicht jünger und älter wird
aber schon dazu bereit ist
ein Leben zu begleiten

Schuh
der nicht ausrutscht
wenn zwei Füße über einen Steilhang mit Herbstlaub gehen

und sie gerade mit sich trägt
und sie dadurch ins Unfassbare abrutschen könnte
die aus den Augen
auch nicht mehr um eine Ecke spricht
da sie nicht aus Winkeln kommt
sondern eher aus einer Zeit

Die auch nicht um eine Rundung spricht
da sie zu tief in einem Kern steckt
den das Leben höchstens als Öffnung deuten kann
die sich an diesem Ort trägt
und sich genau als das öffnet
was ein Leben nicht für möglich gehalten hätte
und spürt
dass selbst Atmen ein Wunder ist

Als Fuß
der über einen Fluss springt
oder über eine Flur jagt
oder aus allen Himmeln als Flockenherde stürmt
mit Verzweiflung gekrönt

Ja als Faser
die in sich bricht aus allen Zweigen
und daraus eine neue, getriebene Spitze schnitzt
ja die macht einen Fluss aus lebenden Früchten
dem Schnaufen eines Holzofens ähnlich
in dem sie doch noch einmal
aus dem Baum träumen würde

Ja Spitze
die in einen Himmel reicht und dort eine Wolke streift
einem einzigen Standpunkt des Gegensatzes gleich
wo die Wolke
in einer schwarzen tiefen Nacht
die noch unergründlicher
sich vom Grund nicht abhebt:
dort tut sich die Verzweiflung schwer
sich auf ihre Ausweglosigkeit einzulassen
die Ausweglosigkeit sich einzugestehen
vor allem da die Spitze in zweisamer Finsternis keinen Gipfel hat

Gefäß oder Inhalt
das so sehr in sich selbst verstrickt ist
dass es keine Linie mehr erkennt

14.01.2014

Wind

Wind (Sohn des Windhauches)
der manchmal keine Nerven mehr hat
nahezu alles wegzublasen
das keinen beständigen Anker in sich trägt
und sich deshalb zurückzieht
auf die Spitze des letzten Gipfels des Berges
oder in das Versteck
wo ihn keiner mehr kennt
der sich genau dort selbst fragt
warum er nicht weiter
noch weiter weg
in ein Abwesen bläst

Wind (Gedächtnis des Abschiedes)
der sogar eine ausgesprochene Überraschung trübt
genau in dem Moment
wenn der Tropfen in einem Auge
sich selbst als Träne erkennt
und darüber den Wind vergisst

Wind (Wonne der Sehnsucht)
der seine Lippen kühlend um manche Schläfe legt
und so mit seiner Zunge manch einem Antlitz
ein Lächeln entleckt

Wind (Leben im Tod)
der in seiner Anwesenheit
ganz und gar nicht da ist
weil er gerade damit zu tun hat
um ein Skelett zu heulen
das sein Brausen in eine Bewegung bringt

Wind (Gestalt und Zauber)
der die Flamme rührt und treibt
der die Form der Worte bildet
und wie verhext
über dem Wasser seine Gedichte schreibt
bis er in den Kleidern seiner Worte

keine oder noch weniger Luft bekommt

Und dann noch der Wind
der von zu Hause fortgeht
und in diesem Gehen
den Blättern auf den Bäumen
über das Haupt streichelt
bis er über den Fluss spricht
und fast wie die Sonne
sich hinter dem Berg
zur Ruhe begibt
und doch nicht schläft
aber weiter und weiter geht
bis zu dem Ort
wo *fort* keine Gestalt
in seinen Buchstaben hat

06.01.2014

Nacht (Elegie)

Nacht
die sich wiederfindet
die sich ausschält und zurückkehrt in ihr Selbst
die beginnt sich zu sprechen
aus kühler Finsternis wärmend
gehüllt in eine Decke
aus der Träume erstehen

Nacht
leise schillernd aus dem Tag heraus
eine unabsehbare Erscheinung
die sich betrachtend über alle Blumen legt
die mit all ihren Mündern
die letzten Dinge bespricht
die sprachlos in sie blicken

Nacht
die keinen Körper hält
in seinem Besitzen

Nacht
die schmeckt
als leeres Wasser
das getrunken ein Inhalt ist

Nacht
die verspricht
was sie in Dunkelheit hält

Nacht
Wurzel eines Leibes
der seine Dunkelheit atmet
wie ein Herz
das aus einem Tag auftaucht
geschrieben durch die Schwärze seiner Laute
seiner Finsternis

Nacht
Ende
das *Licht* ausspricht
Ende
aller erträumten Worte

05.01.2014

Feuer

Ich sehe in dir
züngelnd nach dem
das nicht greifbar ist

das an dem du dich wärmst
wenn ich entgleite
aus einem Leben
in einen Sessel
der dich vorspielt
versinke in dir
Form
an der es mir nicht die Finger verbrennt
da ich sie nicht greifen kann
Stunden die allein mit ihr ich verbringe
Sehen das nur noch in sie hinein fließt
Feuer
das hellwach lauscht
ob seine Wärme ihre Schwingen im Raum spreitet
Flamme die ihr Licht lockert in ihrem Fluss
der eine Ankunft im Menschen vorspielt
Hitze die sich nicht durch Köpfe hindurch denkt
Schrift aus einer Hand aus Glut
die sich in Luft ausdehnt

Feuer das jemand anderen trifft
in seinem irdischen Wesen
das näherrückt zu einer Grenze
und dann wieder sich erschreckend fast oder blitzschnell züngelnd
sofort entfernt
zur Linie der zitternden Form

Haut die sich in Form einer langsamen Wärme
fast wie eine sich dehnende Wolke
als Reise in den Raum zieht
oder Blut das von einem zum anderen Ort trocknet
ja Zeit
die entsteht oder vergeht
wie das Züngeln in seiner Form
ja Auge das sich vor dem Licht des Andersseins schreckt

und ihm dabei gegenüber ins Auge blickt
ja Form die ich denke und die mich misst
wenn sie nicht da ist
Feuer das nicht mehr weiß
in welchen Formen es noch zur Spitze brennen sollte
von dir lerne ich wenn ich gerade nicht lerne
wenn ich sterbe
gebe ich dir mein ganzes Leben zurück

Feuer über das ich nur noch schreiben kann
da es sein Abbild schon gefunden hat
immer unschlüssig ob es bei seinem Bild bleiben sollte
oder ob es sich nicht doch besser fühlen würde
in seinem Entschlüpfen in den eigenen Schatten
in dem es von sich sagen könnte
dass dies seine endgültige Form sei
gerade so als hätte es die Form seiner Liebe eingefroren
Feuer
das zu weit geht und sich dort fragt
ob es die passenden Worte verfehlt hat
das sich zu dem zurückzieht
was es ist
Feuer
das sich nicht einpackt und fortträgt
wie alleine ein Kopf auf seinen Füßen
aber seine Worte in einem neuen Glanz erblühen lässt
der die Gestalt einer Blume erreicht
die in ihren Strahlen Gedanken schreibt
die schwebend oder sich schon neigend
in sich auf eine Anhaftung trifft
die liebt oder auch leidet
fast aus einer unendlichen Form die lebt
Feuer
das sich löst von seinem Schuh
indem es zu ihm gekommen
fortgeht im Morgengrauen
über die Gräser weht
und auf der Spitze des Berges
ihm spiegelgleich vergeht
aus sich

07.01.2014

Wasser

Wasser
das immer vor sich eine menschliche Hand erträumt
als würde sie über eine nie gewesene Landschaft streicheln
das sich berührt aus allen Tropfen
die nur eine Erde benetzen
sanft gehaucht wie eine kühlende Wärme in ihm
geflüstert über eine Fläche sich spreitend
in einer dehnend sich deckenden Sprache
die Augen sprechen machen können
Wasser
geliebt über dem gestillten Blick
der entspannt Wellen und ihre Täler füllt
herein
in einen Körper
der es geborgen in sich hüllt
Wasser
das der Trockenheit ihre Gestalt zurückgibt
in Form einer enthaltenen Brise
die das Wasser in sich bricht
Wasser
geschaut in unzähligen Tränen
die sich doch wieder erholen
zum getrockneten Blick
der eine Erde misst
Wasser
das aus einer hohlen Hand trinkt
um nicht am Leben zu verdursten
um eine Tiefe zu sehen
die einzig ein Atem beschreibt
Wasser
ein Glück des Lebens
wie ein Herz
verkleidet als springender Ball
der nicht weiß
wo er aus sich hervorquellen sollte
Wasser
Rand des Lebens als Badewanne
die auf Trockenem die Notwendigkeit

im Ernst eines jeden Tropfens spricht
Wasser
das sich als Maske des Atems ausgibt
das als Wesen nicht bedacht wird
in den Angeln einer Öffnung
für einfach eine Bewegung

Und dann
wenn das Wasser bricht
bricht es aus der Zeit
aus dem Eis heraus
und heult durch alle Wunden

05.01.2014

Mist (Elegie)

Was wir nicht brauchen ist schon etwas
das die Welt brauchen kann
behutsam haben wir es in die Hand genommen
denn die Vorstellung ist in ihm gereift
jetzt ruht es
zwischen oder *ohne*
Nutzen für eine Hand
ruht schwebend vor einem ovalen Ausschnitt
der bestimmt die unendliche Tiefe des Blau über ihm ist
als würde es sein Herz zwischen Herzen klopfen hören
wie das Herz der Hand
die sich so wohl mit ihm fühlte
was war das für eine Raserei
der Hand des Herzens
die Welt schaukelte oder kippte nahezu
knisterte in den eigenen Ohren

Was wir nicht brauchen ist in uns oder ist in uns zu viel
wir brauchen zumindest eine Hand der Entscheidung
was wir nicht brauchen geben wir der Welt
auch ohne Geld

Was wir nicht brauchen
rollt gemächlich oder langsam
wie ein erholsamer Atemzug
die Straße entlang
stößt da und dort
mit einem dumpfen Geräusch
auf das ihm Gegenüberliegende
ohne etwas davon zu wissen
das Gegenüberliegende
das ja noch ist
und scheinbar noch in Gebrauch
rollt
und schwindet an der Ecke in einem lautlos verhallenden Klang

Mist
Vorstellung gereift aus einem Leben
Vorstellung die Füße hat

um sich selbst einzuholen
um sich zu holen
aus einer Vielzahl von Erscheinungen
um vielleicht angebetet
aus der Welt zu treten
um einmal eins sein zu können
auch wenn nur für sich selbst

Abfallend
was unbedingt zu dem werden muss
das nichts mehr ist in einer Hand
oder Augen
die doch weiter sehen
als bis zum Etwas
abfallend
in einer lautlos gespannten Haltung
die in die Geste der Erleichterung einzieht
so gelöst von etwas
eben genau dieses geliebte Etwas
bei dem der Beginn der Zusammenhanglosigkeit im Entstehen ist

Das einst so Geliebte begibt sich
auf seinen abwärts geneigten Weg – sinnend
seine blühende Vorstellung zu erträumen
in unzähligen Wegen
die nur auf ein Leben warten
abwärts
da die Spitze keinen Punkt
auf den sie treffen könnte
ersehnt
abfallend von den gefallenen Fingern
die Zeit erneuert das Zusammensein
in ihrer Trennung
was gestern noch sein Inhalt war
wird heut schon
unfassbare Bestimmung

Abfallend was in seiner Unschuld
einsam in den Himmel ruft
aus seiner Entschlossenheit

07.01.2014

Deine Liebe kommt zu mir

Deine Liebe kommt zu mir
als würde sie sich an mich erinnern
aus einem längst vergangenen Leben
oder als würde sie einen Duft ausbreiten
der die namenlose Erinnerung anhält
die Vergangenheit zu verhüllen

Deine Liebe kommt zu mir
von Orten
die aus sich die äußerste oder letzte Ferne verstrahlen
als wäre sie schon in mir
um einzigartig zu glitzern

Deine Liebe kommt zu mir
als würde sie der Langsamkeit von Abständen nicht erliegen
ein Glas bis auf seinen Grund zu trinken
und dabei noch tiefer hineinträumen
in den prickelnden Geschmack
der Liebe führt

Deine Liebe kommt zu mir
um Augen blind und dadurch hörend zu machen
als eine Welt
die wie hellrote Federn
über Lippen sich schweben lassen
die selbst ihre Finsternis nicht vergessen
oder in geschlossenen Augen
einen Menschen erblicken
oder mit hörenden Augen
Münder in eine Tiefe zu senken
die dem Vergessen lautlose Lieder enthüllt

Deine Liebe kommt zu mir
als eine Wohnung oder Höhle
die zwei Körper trägt
oder um in einem Körper
eine Wohnung zu genießen
die endlos scheint

Deine Liebe kommt zu mir
um aus all den Sprachen zu verstummen
oder in einer Sprache zu flimmernden Wölkchen zu werden
die nicht mehr vergehen in ihrem Scheinen

Deine Liebe kommt zu mir
oder bricht in Wellen aus allen Gefäßen
werden Gefäße der Erde
die Wärme aus ihrem Schlamm im Boden treibt

Deine Liebe kommt zu mir
oder streift mit ihrer Hand über die laue Luft
bis sie sich der Ruhe hingibt
oder bedeckt
aus Augen
die Güte des Raumes ausmacht

Deine Liebe kommt zu mir
oder bricht aus einem Leben
wie nur ein Zweig
der Früchte nicht vergisst

oder wie nur eine Sonne
die einen Morgen öffnet

28.02.2015

Die Haut der Stimme

Als würde ich die Haut deiner Stimme streicheln
sehne ich mich nach dir
oder ich berühre aus Zartem
die Spitzen deiner Töne
die in deinen Raum in mir prickeln
als ob er die wirkliche Erde wäre
die meinen Körper noch trennt
als der Geruch in deinem Klang
der wie ein endloses Echo
über die Täler meiner Oberfläche raschelt
und Farben im Duft erhellt

Deine Stimme
als würde ich in der Röte des keimenden Morgens auftauchen
aus dem Tau des Grases der Wiese wachsen
und in meinem Atem
als entstehender Nebel
dir alle Antwort sanft enthüllen
ein Himmel der klar wird
oder Sterne auftauchen macht
wo seine Worte auf meinen Ohren Platz nehmen
und nicht mehr sprechen
aber einen Zauber in ihrer Liebe erfüllen
als Erde
die in sich warm ist
oder schwingt
oder nur dort fruchtbar wird
wo sie sich als Duft
um die Dinge aus ihr legt

Was eine Stimme durchmacht
steht in keinem Buch geschrieben
und duftet doch aus ihm
Stimme
oder heute gehe ich ohne dich
in einen klanglosen Traum
der die Nacht in dir wahrt

Was jemand Anderer von Liebe weiß
weiß ich nicht

16.01.2015

Erde

Erde oder Begriff
der sich nicht erfüllt in der Vorstellung
die einen Menschen mit der Welt verbindet
weil sie ihm ein elementares Empfinden bereitet
das als Begriff das Dasein immerwährend begleitet
und so jeder Vorstellung zuvorkommt in ihrem Sein
oder blühende Vorstellung
die doch nur von der Erde lernt

Erde oder Fruchtbarkeit
die durch Augen streicht
als Glanz des Sehens als ein Augenblick
der in sich nicht vergeht
oder Stillstand
der sich nicht aus den Bergen löst
oder die Heiterkeit
die sich nicht in den Tropfen
des tief dunkel schimmernden Teiches erschöpft
aus seinen Wirbeln des Wassers von der Erde her
oder unendlich konzentrische Kreise bildet
aus dem Fallen seiner umrandenden Bäume
wo ein Mensch alleine
sein Staunen
sein in sich Horchen
als Spiegelbild seiner selbst
finden oder wiederfinden darf

Erde oder Glanz
der aus der Finsternis des Lichtes
aus ihr empordringt
und sich wie ein leises Schimmern
in den entstehenden Tag rollt
den er durch sein Licht
in jedem Augenblick erfrischt
fast wie ein Glanz
der aus der Zärtlichkeit des Feuers
von Augen ruft
und nicht ablässt
seinen Gesang fortwährend von neuem anzustimmen

Erde oder Stimme
die einen Klang mit dem Weltall einnimmt
und verbindet und
eine Harmonie mit den Gestirnen er-reicht
wo Lebewesen auf der Erde wissen dürfen
dass Dasein sich als Wege
als Spuren
auch unsichtbar von der Erde begreifen lässt

Erde oder immer und immer wiederkehrende Liebe
und Zuneigung
die aus den Pflanzen rollt
oder aus den Tieren klingt
die jeder Fluss beschreibt
und die einen einzigen Menschen lächeln lässt
weil Erde die Fruchtbarkeit in sich trägt

Erde oder Dunkelheit
die genau unter ihrer Oberfläche beginnt
fast so wie die Finsternis
die unter einer Haut sich ausbreitet
die dunkler noch
aus jedem Tropfen eines Regens aus dem Himmel
alles Wasser speichert
um Gesänge aus Blumen und Pflanzen zu treiben
die die Erde zu dem machen
was den Menschen staunen lässt

Erde oder Blindheit die trägt
wo ein Mensch nicht wissen kann
wohin ihn die Erde führt
aber wo Blindheit aus sich reift
in allen Dingen
die sich tun lassen

Erde
die alles zurücknimmt
das sie gegeben oder geschenkt hat
oder Zuversicht
aus der Bestimmung entstehen darf

Erde oder Himmel
wo eine Erde sich dem Himmel
bescheiden als Friede oder als Wiederkehr annähert
und der Himmel in seiner Unschuld
als Tag und als Nacht auftritt

Erde
oder noch einmal möchte ich dich sehen
noch einmal möchte ich mit dir singen
noch einmal möchte ich mit dir fühlen
bis der neue Tag aus dir keimt

Erde
oder du lässt nichts vergessen

Erde oder Loch
das ich ausgrabe mit meinen Händen
die gar keine Bestimmung dazu erfahren
aber einfach das tun
was ihr braunes Verlangen ist
Hände die dann Abstand nehmen vom Loch
Füße die nach verstrichener Zeit
wieder zum Loch rudern
Kopf der sich in das Loch neigt
Mund der einen Schrei in die Erde ausstößt
aus der sich der Kopf wieder hebt
Hände die die Erde wieder dem Boden gleichmachen
Körper der die Erde verlässt

Erde die wie Gänsehaut
über den Rücken rieselt und für immer Erde bleibt

12.07.2015

Es ist mir

Es ist mir
als ob ich etwas brauchte
das mich sterben macht
aus allen Blumen heraus
oder aus der Krankheit
etwas zu sehen
ich möchte sterben
aus allen Bäumen
so lange
bis sie alle alleine sind
aus der Einsamkeit
oder aus dem Glas sterben
im Ort der Durchsichtigkeit

Es ist mir
aus der Schönheit zu sterben
die dort nur noch aus Füßen läuft
nach dem Punkt der Grenze des Sehens
der in seinem Kreis droht
zu vergehen
ich sterbe
aus allen Gründen des Lebens
wo der Saft das Grün in die Wiesen treibt
oder der Tautropfen sich doch dazu entschließt
nicht vom Blatt zu fallen

Es ist mir
nach einem Sterben
das der Müdigkeit dieses Raumes erliegt
oder der Langsamkeit
diese Leichtigkeit der Luft anhaften zu lassen
von der man so oft sagt
dass Träume wahr werden
oder einfach allen Augen
auf der Erde
auch den toten
den unscheinbaren Funken
von Sehen
in das Licht zu legen

das sich täuscht
etwas erscheinen zu lassen

Es ist mir
als ob ich sterben würde aus einem Flug
der sich erdachte
dass *Leben* wäre
oder dessen Poren
nicht mehr zu ihm sprechen
da ihre Gefäße
nur noch Fülle oder Leere reichen
als ein Flug
der nicht fragt
ob es ihn gibt

Es ist mir
als würde ich im Sterben einen Ort erfahren
der noch schöner oder breiter ist
als diese Plätze
außen
die sich innen
wie ein unbeschreibbarer Spiegel
sanft auf die Stellen legen
oder sie berühren
die sich wohl und in Ruhe begreifen

Es ist mir
als ob ich aus allen Ecken sterben würde
aus all ihren *Winkeln*
aus allen *Abständen*
die eigentlich nur ein Wind
auf dieser Erde
in seinem Messen aus der Ruhe
für sich verstehen darf
eine Ordnung
die nur ein Wind ausmachen kann
oder die ihn erfüllt
als wäre er eigen

Es ist mir
als wäre ich nicht mehr an diesem Ort

an dem ich gerade noch gewesen bin
oder an dem ich jetzt gerade bin
an dem ich aus mir sterbe
als würden meine Blicke
aus Luft
unter einen Tisch fallen
und ungesehen oder versteckt werden
oder als würde sich mein Hören
im Klang nicht mehr halten können
und sich deshalb in den Stimmen nicht mehr anhalten
oder verwirklichen
so
als würde ich aus den Gefühlen zurück treten
in einem einzigen Schritt
der die Finsternis erfüllt
und diesen Schritt
als Darstellung
zu einer bunten Blume im Leben machen

Es ist mir
als ob ich sterben würde aus der Sonne
die um diese Zeit des Frühlings
schon genau erkennt
ob ein einzelner Mensch
ihren Schein
ihre Strahlen
bewundert
oder ob sich dieser Mensch
der Fruchtbarkeit oder dem Mond neigt
und lieber seine Sprache
den Sternen näher kommen lässt
so nahe
bis der Stern nur noch eine Sprache in ihrem Klang erfährt

Es ist mir
als wäre ich dort
wo ein anderer Mensch gerade war
und er eigentlich nicht mehr sein kann
und ich selbst aus ihm sterben
aus dem Menschen sterben
aus mir sterben würde

was nicht sein kann
da ich nicht mehr da bin

Es ist mir
als ob du mich sähest
oder den Klang von mir spürtest
oder das Wesen
das zwischen dem Licht in einer Luft
von dem du meintest es *sei*
eine Erinnerung in dir auslöst
von der du mit Bestimmtheit sagen kannst:
ich habe mich in meinem Vergessen getäuscht

Es ist mir
als ob ich noch sterben würde
aus Leben
aus allem
das dort noch anders ist

02.04.2015

Furcht

Furcht oder überall dorthin schauen
wo keine Augen mehr sind
inneres Brechen in allen Dingen
die in ihrem Brechen hörbar werden
obwohl die Furcht ihr Zerbrechen
nicht sichtbar macht

Furcht
ein Indikator der in die Welt saust
oder blitzschnell in einer Art Kurve
den eigenen Körper überfällt
oder jede Furche
lautlos scheinend macht
und so sich durch die Glieder schreibt
die nicht vergessen

Furcht oder Beine
die eigentlich nicht mehr stehen wollen
die warm oder heiß werden wollen
aber davon absehen
da es den Beinen schwindlig werden würde
oder Beine
die sich nicht mehr halten wollen
da ein Fuß schneller als zwei Beine sein möchte
und doch den Stillstand in Einsamkeit praktiziert

Furcht
die durch Augen blicken kann
oder ein Gesicht bespielt
in denen die Spannung immer gerade
vor dem Zerbersten der Oberfläche zurückschreckt

Aber Furcht
die wie Wasser in die Erde
unter die Haut dringt
und das Fleisch aufsaugt
oder das Blut wie Farben bespritzt
Orte von denen das Blut flüchtet
da es sich fürchtet

Furcht
oder durch die Luft brechen
wie nur ein Kopf sich in die Welt schraubt

Furcht oder Gehsteig
der keine Schritte von Füßen mehr erwartet
da er eine Gänsehaut
oder ein Schaudern auf seinem Gesicht bekommen würde
oder Furcht
die sich als Gehsteig
vor Nachtfüßen fürchten würde
da diese viel zu dunkel wären
oder dem Gehsteig nur Gruseliges
aus den Füßen heraus erzählen würden

Furcht oder Frucht
die durch oder aus einem Leben wächst
und dort bunte Farben trägt
wo sie es selbst nicht vermuten würde

Furcht
die vor den Augen flattert und standhält
als würde sie mit den Augen sprechen
sich mit ihr auseinander zu setzen
die auch nicht vergeht mit geschlossenen Augen
da ihr Träger womöglich noch in sie hineinhört
und vor allem noch in sie hineinspürt
die sich ja auch nicht vergeht
denn sie bleibt zu gerne bei ihrem Besitzer

Furcht
die in sich hineinläuft
gerade so lange
bis sie einen Ort der unmittelbaren Ruhe erreicht
an dem es für die Furcht gar nicht so leicht ist
zu beschreiben
wie sie zu diesem Ort gekommen ist
aber das Flattern vor den Augen scheint
einen Körper
der sich schon zu erheben glaubte

als ein Vogel über der Erde
zu erden

Furcht oder Stillstand
vor einer Frage
die immer nur sich selbst im Denken begegnet
oder löst
oder Antwort
die die Furcht besänftigt
oder gleichrichtet
oder in die Verzweiflung stürzt
an der sich gerade die Furcht in ihrem Stillstand
nicht mehr halten kann

Stillstand
der als Liebe
sich im Kreis dreht
und plötzlich wieder vor der Furcht steht
und wie ein Flügel
über einen Fluss aus Sprache oder Gefühl
fliegen möchte
um statt der Furcht
eine zuneigende Hand zu erreichen
die eine Verbindung des Seins
im Menschen reicht
als eine Decke
die alle Furcht hüllt

Furcht oder Alleinsein
wo ein Wesen sich krümelt
oder eine Sprache sich nicht mehr aus dem Wesen löst
und das Wesen sich nicht mehr von seiner Oberfläche löst
sondern mit ihr entflieht in Reiche
die Dauer in sich bergen
wie Gegenstände
die immer weiter wegrücken
oder in sich brechen
oder einfach die Furcht
sich selbst als Furcht
zu fürchten

08.01.2015

Garten

Sehnsucht
die alle Blätter bespricht
oder als Adern der Blätter
unendliche Liebe schreibt

Garten
der früh am Morgen
gähnend die Welt aufweckt
und seinen Erdbeermund über den Horizont spannt
um einmal eins zu sein mit dem Himmel

der die gesammelte Liebe
bis zum Abend trägt
oder sie mit der dicken Decke voll Finsternis
allein den Sternen der Nacht hingibt
die den Hinweis auf das Beziehen der Liebe abbildet

Wasser
das nahezu unerkannt
oder immer wie nur ein Gedanke anwesend ist
und sich als Wuchs
durch das Gras oder Blumen ausdrückt

Berg oder Stillstand
der als Gipfel der Schönheit einer Erde
die Fruchtbarkeit betont
die das betrachtende Auge
in einen Ort der Stille setzt
als würde dieses Auge durch diese Perspektive
zu keimen beginnen

Lust
die durch Jahrhunderte spaziert
und dabei die verschiedensten Arten der Erinnerung
wie eine Hülle aus sich leert
als Samen
der sich entscheiden wird
eine rote Rose oder weiße Lilie zu werden

oder doch ein rotes Gefieder
das als Kuss
geliebte Lippen benetzt
die Lust aber nicht verkennt
immer wieder Garten zu sein

Demut oder Mäßigung
die aus allen Händen des Gartens duften
wo die Demut dem Reiz des Auges entspricht
und die Mäßigung
Kraft für all die Dinge
außerhalb ihres Selbst vermittelt

Sanftmut
die durch den Schaft der Pflanzen reift
sich über den Garten legt
und zusieht
wie Menschen durch sie hindurch
durch den Garten einfach nur lernen
als würden ihre Blumen sagen:
dass die Blume nicht gelernt hat
hat sie gelernt zu lernen
oder was soll ich mit dem tun
was mich nicht unsterblich machen kann?

Hortus conclusus
wo die Träume des Gartens als Paradies
erst dann beginnen
wenn er seine Augen der vor ihm liegenden Finsternis
im Morgengrauen öffnet
auf die er sich mit Blindheit vorbereitet
oder einfach nur grüner Garten ist
der eine akusmatische Sprache spricht
die dort zu einem Ah wird
und dort drüben zu einem Oh

Regen oder Gefahr
der offenbart zu viel Wasser zu sein
der als Garten durchsichtige Pflanzen sprießen lässt
oder als Wassergarten
zu einem Ozean der Erde wird

der als Gefahr innehalten würde
auf seiner Reise vom Himmel
da er als Tropfen das Ziel nicht erahnt
und alle Regentropfen anhalten würde
fast so als spiegle er einen inneren Regen
oder Tränen
die einen Ort verschließen
als hätte es ihn nie gegeben

Regen oder Reinigung
oder frischer, feuchter Duft
der gerade eben als Garten die Nase saftig besucht
reine Erfahrung
die den Verstand stehen lässt
und auf sich selbst achtet
oder Vogel
der als Garten auf einem Zweig sich niederlässt
als Garten um sich schaut ob er etwas oder jemanden erkennt
und dann gleich als Vogel der als Garten
seine Reise am Zweig fortsetzt
als hätte der Garten die Welt noch nicht gesehen

Oder einfach Garten
als ob ein Hall
leise in ihm verstummt
der viele Farben in sich
verschluckt

08.12.2014

Ich liebe eine tote Frau

Ich liebe eine tote Frau
in all den Dingen und Menschen
die auferstehen
aus der Geburt aller Tage in mir
als ein Gefäß in mir
das mich im Augenblick daran erinnert
immer und immer wieder in mich einzudringen
um aus Erinnerung wahr zu sein
im Ende meiner Tage

Ich liebe eine tote Frau
als die einzige Ursache
die mein Leben ermöglicht
oder es auffächert
und tragen macht
im Sterben aller Blumen
oder als Ursache
die sich selbst bedingt
um Leben zu sein

Ich liebe eine tote Frau
aus all ihren erloschenen Poren
wo das Atmen für mich zur Gewissheit wird
das ich tue
oder Poren die eine Oberfläche der Haut
grau gemacht haben
fast wie ein Nebel
der eine noch nie erreichte Landschaft
aus Leben
mit Fahlheit überzieht
wo Tragen erst die Müdigkeit annimmt
unendlich in diesem Raum zu liegen

Ich liebe eine tote Frau
und ihre Lage
und genau diese Energie
die in dieser Lage meine Liebe erfüllt
als würde ich die Lage als Liebe nicht mehr lassen
oder als würde Liebe

nur aus dieser Lage sich dem Leben ergeben

Ich liebe eine tote Frau
als dürfte sie genau an den Orten entstehen
an denen ich schon vergangen bin
und die Tote diese Orte belebt
oder sie schimmern lässt
als Sterne vom Himmel in mir
als würde ein Fluss in mir noch einmal
an mir vorüberziehen
und sich die Ordnung der Zukunft
in der Gegenwart
wie in einem Teich spiegeln

Ich liebe eine tote Frau
wo es ein freies Land der Liebe
in ihren Empfindungen gibt
das alle Symbole und Form
aus ihrem Inhalt schwemmt
als Knochen
die zu fließen beginnen
und so die Gestalt der Ewigkeit annehmen
ein Land
das keine Zeit mehr benötigt

Ich liebe eine tote Frau
oder Wort
das Sprache in diesem Land entwickelt
oder hören
in eine Welt hinein

Ich liebe eine tote Frau
oder Zeichen
die ihre Falten im Gesicht
für mein Leben sprechend machen
und Worte
die aus meinem Mund noch fallen werden
und Risse erzeugen
die ein Leben ausmachen

Ich liebe eine tote Frau
und kann nichts mehr tun

und nichts noch einmal angreifen
weil die Dinge in mir lebendig werden
als würden sie in mir zu blühen beginnen
denn ich liebe eine tote Frau
die langsam wie eine Frucht
mich verblassen lässt

Ich liebe eine tote Frau
oder Wunde
die sich nicht schließt
die auch nicht trocknet
die auch nicht aus der Lage der Liebe vergeht
und höchstens
als Leben
über eine Stiege geht
und dabei die unterschiedliche Lage genießt

Ich liebe eine tote Frau
oder Geschenk
das vor mir steht
das ich ohne Berührung
entkleide

Ich liebe eine tote Frau
oder Erde
die mich immer begleitet
die immer nach mir ruft
als würde ich unendlich zu ihr gehen
Stimme
die aus Erde mich trägt

Ich liebe eine tote Frau
das ist mein Leben

Ich liebe eine tote Frau
als wäre ich noch am Leben

Ich liebe eine tote Frau
oder Schiff
das uns immer trägt

26.06.2015

Ich mache mir Sorgen

Ich mache mir Sorgen
über etwas
das es gar nicht gibt
das sich doch nur aus sich denken lässt
das den Anderen gar nicht erreicht
in seinem Denken

Ich mache mir Sorgen
dass die Zeit vergeht
und aus sich nicht mehr da ist
und jede Möglichkeit des Messens
mit sich nimmt
oder dass der Mensch
die Zeit verliert auf seinen Wegen
und nicht mehr denken kann
da ja keine Zeit mehr da ist

Ich mache mir Sorgen
da ich mir diesen Zustand
noch nicht vorstellen kann
und die Vorstellung noch nicht vergangen ist
es müsste alles so schnell gehen
dass es vergangen ist
oder dass man zu spät kommt
aus den Schritten der Wege

Ich mache mir Sorgen
dass es dann anders ist
da ja nie etwas gleich bleiben kann
oder dass der Mensch nicht mehr denken kann
das es anders war

Ich mache mir Sorgen
dass Worte vergehen
und nicht mehr zurückkommen
nicht weil sie sich versteckt haben
oder sich schämen
sondern weil sie versprochen sind

Ich mache mir Sorgen
dass ein einziger Vogel sich selbst vergisst
oder verliert auf seinem Flug
den nur eine Luft beschreiben kann
oder dass dieser einzige Vogel
Orte erzwitschert
durch die es gar nichts zu zwitschern gibt

Ich mache mir Sorgen um die Luft
oder das Licht
dass sie durchsichtig werden
in ihren Gedanken
und dadurch ein Mensch alleine oder nackt dastehen würde
oder dass diese Durchsichtigkeit
sichtbar würde aus den letzten Gründen

Ich mache mir Sorgen um jemanden
der da ist aber gehen möchte
und so weit dabei geht
dass er sein Selbst hinter sich lässt
wie einen Nebel
der ein Staunen eröffnet

Ich mache mir Sorgen
dass ein Mensch nicht mehr in eine Türe passt
oder dass ein Spalt
kein Interesse mehr an ihm zeigt
oder dass die Türe sich verstellt
und plötzlich ein Brocken eines Wortes ist
das sich nicht mehr verrücken lässt

Ich mache mir einfach Sorgen
dass der Körper nicht mehr
den Winkel der Türe ausmacht
und auch nicht den Angelpunkt

Ich mache mir Sorgen
dass die Wurzel eines Baumes
nicht mehr weiß
wie das Wachsen geht

und dadurch die Menschen auf der Erde
zu spät kommen
und zu spät
den Treffpunkt mit der Erde oder der Wurzel erreichen

Ich mache mir Sorgen
dass die gesprochenen Worte
Gestalt anzunehmen beginnen
und so die Aufenthaltsorte dieser Gestalten
zum Überlaufen bringen

Ich mache mir Sorgen
dass die Lichtgestalten
den Menschen besser verstehen
als er sich selbst versteht

Außerdem mache ich mir Sorgen
dass das Wasser flüssig ist
oder fließen kann
oder ich mache mir Sorgen um die Berge
dass sie noch immer auf derselben Stelle stehen
und keine Reise durch das Weltall angetreten haben
oder einmal nur
Turnübungen mit ihren Bäumen machen

Ich mache mir Sorgen
dass alles so bleibt
wie es ist
obwohl sich alles verändert

Ich mache mir Sorgen um die Punkte
die die Zeit ausmachen
wo die Luft aus den Punkten
ganz einfach ausgeht
und nicht mehr da ist

Ich mache mir Sorgen
überall dort
wo sich die Sorgen
wie von einem Boden aufheben

und sich in die Augen schauen
als wäre es diese Mühe gar nicht wert

Ich mache mir Sorgen über das Leben
dass es nicht noch schöner sein kann
als es ist

03.07.2015

Ich möchte keinen Tag aus dir versäumen

Ich möchte keinen Tag aus dir versäumen
der sich aus einem Morgen in den Himmel schreibt
ich möchte in ihm erstehen
als eine Pflanze
die in dir reift

Ich möchte keinen Tag aus dir versäumen
der aus unzähligen Gesichtern über eine Straße geht
und einen Namen in mir trägt
fast wie ein Fluss
der viele Tropfen ist
wo ich nur einen erträume

Ich möchte keinen Tag aus dir versäumen
der aus mir ein Grüßen macht
auch wenn ich an diesem Ort
mit einer Pflanze oder einem Stein spreche
oder sich mir die Worte aus einem Himmel eröffnen

Ich möchte keinen Tag aus dir versäumen
um diese Zeit mit dir zu verbringen
wenn ein Baum oder eine Pfütze
aus mir spricht
die in meinen Augen
echte Farben aus der Natur annehmen

Ich möchte keinen Tag aus dir versäumen
der sich sanft über die Dinge legt
und so eine Sprache ausbreitet
die in eine Zeit hineinschlüpft

Ich möchte keinen Tag aus dir versäumen
der plötzlich oder unmittelbar
um eine Ecke biegt
und aus einem vollen Tag
die Blicke aus meinen Augen berührt
oder vielleicht noch sanfter im Erkennen
eine glitzernde Sprache um mein Gesicht legt

die in meine Ohren fließt
als hätte sie eine Welt gesehen
die mich erreichen wollte

Ich möchte keinen Tag aus dir versäumen
der als ein einziges Wort
meine Lippen enthüllt
und so durch meinen Körper rieselt
als ein Gipfel
der auf seiner Spitze meinen Körper wärmt
als wäre er erfüllt bis in die Wurzel der Zehen

Stimme, Flut, Zone
als hätte ich einen Körper
der sich von seinen vielen Körpern abgrenzt
um in dir ein Körper zu sein
Zone
die flattert wie ein Spiegel am Meer
der die Gischt aus dem Meer endlos spiegelt
um einen Himmel zu erzeugen
Schlüssel an einem Bund
der davon weiß
sich anzupassen
oder sich aus sich selbst zu drehen
als ein Schloss
das den Tag würdigt

Ich möchte keinen Tag aus dir versäumen
der die Luft in mir sammelt
oder greifbar macht aus Umräumen
wo die Sammlung sich alleine in Küssen ergießt
die Träume aus deinen Lippen reichen
und so zu einem Schatz werden
den ich nicht klären möchte
in seinem Träumen

Oder Sammlung
die als Zeit-Raum
zu Jahren wächst
in denen sich dein Wesen in mir abbildet
als eine lebendig sich verändernde Gestalt

die ich erreichen darf
in ihrer Formung

Ich möchte keinen Tag aus dir versäumen
der als ein Regenschirm denkt
ob Gestirne lachen oder weinen
und so ihre Gedichte oder Lieder über die Erde decken
oder als Regenschirm
der in die himmlisch prickelnden Tropfen verliebt ist
die sich über eine gespannte Haut legen
oder bis zu seinem Rand prasseln
wo ein Mensch den Klang eines Regens
nur noch in den Händen spürt
aber sichtbar nicht hört

Ich möchte keinen Tag aus dir versäumen
an dem du genau dort bist
wo ich nicht bin
als eine Säule die Wirbel hat
oder Welle
die aus dem Wasser der Tropfen atmet
oder einfach da ist
aus meiner Unsichtbarkeit

Ich möchte keinen Tag aus dir versäumen
wo ich ohne Klang oder Bewegung
dir bin

Ja so entstehen meine Tage
als wunderbare Anhaftung
aus dir

01.02.2015

Leere

Noch einmal möchte ich mich verstecken
wo es ein Gericht gibt
das zum Essen einlädt
oder den Hunger dazu auffordern
fehl am Platz zu sein
noch einmal möchte ich wissen
dass der Löffel seinen Weg nicht mehr kennt
und in seiner wesentlichen Unwissenheit
sich aus eigener Zuhandenheit löst
als ein Löffel
der nichts mehr trägt

Leere oder Schrei
der sich über sie legt
als wäre er unsichtbar in ihr anwesend
als würden seine Spitzen
eine Welt erreichen
die es doch nicht gibt
oder eine Flur beblasen
die keinen Wind entstehen lässt
der sie nicht denkt
oder dass es etwas gibt
und sich in ein Kleid oder eine Jacke hüllt
um nicht nackt oder alleine zu sein
der gar nicht weiß
dass es sie gibt
der wird auch nicht nach ihr fragen
denn sie ist ja für ihn
Leere
oder Licht
das aus einem Baum strahlt
da der Baum aus der Nacht gesehen
nicht ist
sondern höchstens die Vorstellung
nach seinem Nichtsein
eines Tages rufen könnte
dessen Signal das Licht bedeutet
es sind Trauben

die leer sind
wie Worte
wie Menschen
wie die Welt
ohne Erde

Leere
die das Gefäß nicht hüllt
in das sie rinnt
aus Sehnsucht
oder die Leere
die aus den Löchern eines Gefäßes strömt
da es Gedanken schon nicht mehr halten kann

Wenn die Finsternis kommt
ziehst du in ein Land
das keine Tage mehr braucht
oder legst selbst die Blätter der Bäume ab
um sie zu begreifen
nimmst die Dinge in die Hand
die leer sind
weil du sie haben möchtest
und sie sich nicht aus der Erde stehlen
oder bist begeistert
da die Leere dich erfüllt
oder wissend macht

Leere
dort wo die Erde
oder ihre Rede
sich hin drängt
um aus sich zu sterben
jetzt will ich meine Ruhe
in Leere haben
ohne Grenze von außen innen
fern oder nah
oben oder unten
voll oder leer
aus dem ganzen Tag
ist es dunkel geworden
und aus den Bäumen reift die Leere

einer einzigen Finsternis
die mit der Erde in das All wächst
ich sehe nichts mehr
und sehe keinen Baum
ich sehe keine Finsternis mehr
allein der Wind ruft sanft nach mir
es ist so seicht
es ist so leicht
wie sich die Erde in die Nacht kleidet
ich bin nur noch Leere der Nacht
all die Gefühle von außen
all die Gefühle von innen
sind zu weit
gegangen
in ihrem Erreichen
das in Leere mündet
und Tod ist aus allen Worten
ich breche nicht noch einmal aus dem Leben
was ein Mensch sagt
ist Vollkommenheit aus dem Nicht

Leere
die nur einmal aus meinem Körper rollt
und dann auch nicht mehr gesehen wird

Leere
oder noch einmal trink ich dich aus
was ich nicht kann
noch einmal lebe ich dich
was ich nicht kann
noch einmal denke ich dich
was ich nicht kann

03.05.2015

Noch einmal möchte ich dich lieben

Noch einmal möchte ich dich lieben
aus all der Verleugnung der Angst aus Liebe
sich in die Augen zu schauen

Noch einmal möchte ich dich lieben
um Lüge zu enthüllen
in aller Pracht sich durch ein Leben
oder Zeit aus Liebe
zu schreiben

Noch einmal möchte ich dich lieben
als ein Vogel der Wut
der in ihr nicht Besseres zu tun hat
als sich durch deine zerfließende, auflösende Haut
zu benetzen

Noch einmal möchte ich dich lieben
nur um die Angst in deiner Zerbrechlichkeit
zu erfüllen
bis sie *birst*

Noch einmal möchte ich dich lieben
damit du das Brechen der Liebe
als Ganzes spürst
damit dieses Brechen hörend wird
es in dich schreibt
auf deinen restlichen Wegen

Noch einmal möchte ich dich lieben
so sehr in deinem Satz:
bitte tu das nicht
bis du dich selbst vergisst

Und noch einmal möchte ich dich lieben
an dem Ort in mir
an dem du mich nicht mehr erkennst
und du selbst diesen Ort ausbreitest
über die geliebte Landschaft

die in dir die Blindheit ausmacht

Noch einmal möchte ich dich lieben
und durch das Schweigen im Lieben
aus getrockneten Tränen weinen

Noch einmal möchte ich dich lieben
wo die Sonne alle Wünsche oder Küsse verbrennt
als wären sie aus einem Nichts entstanden
und der Asche nicht wert

Noch einmal möchte ich dich lieben
als ein Fluss ohne Wirbel
oder als wäre er aus Glas
das zerbrochen nicht in Stücken gesehen werden kann

Noch einmal möchte ich dich lieben
aus all der Kraft
die vergeht oder in sich bricht
und verblasst

Noch einmal möchte ich dich lieben
wenn die Blicke schmerzend durch die Augen rollen
oder rauschen und als Blut
das Selbst nicht mehr treffen
oder erlöschend brachliegen

Noch einmal möchte ich dich lieben
an der Stelle
wo wir uns in die Lüge lieben
nur um die Blüte des Schmerzes
zu ergießen oder zur Reife zu treiben
bis sie wie eine langsame Zeit
aus Raffer zu Boden fällt

Noch einmal möchte ich dich lieben
am Grad der Schneide
wo alle Sanftmut und Zartheit
eisig vergeht

Noch einmal möchte ich dich lieben

bis auf den Grund deiner Wörter
und sie liebevoll erlöschen lassen
wo ich die Leere
der Stille
schau

Noch einmal möchte ich dich lieben
in der Zeit
in der du keine Worte mehr für mich hast
oder Zeit aus den Worten rinnt
und nicht mehr aufzuhalten ist

Noch einmal möchte ich dich lieben
und die Liebe in den Worten finden
um mich aus dir zu verlieren

18.01.2015

Schatten oder endloses Kleid der Nacht

Schatten
der immer und immer wieder davon träumt
ein Körper zu sein
oder einen Körper zu erfüllen
und das nicht kann
was der ihn tragende Körper verzweifelt von ihm will

Schatten oder Tag
der in seiner Dunkelheit reift
in der Früchte sich aus einer Schwärze ergeben
die nur an ihrer Grenze von einem Licht ergriffen werden
oder an ihrer Grenze rollen
als Frucht
die von keinem Schatten bricht

Schatten
der anstrebt
eine unbegreifliche Fläche zu sein
die beständig in ihrer Schwankungsbreite variiert
und für ein Auge nur allzu oft
einen volatilen Charakter darstellt
den ein Auge ja gar nicht greifen kann

Schatten oder Klage
niemals allein und ungestört sein zu können
oder nicht einsam in Abgeschiedenheit spazieren zu können
oder alleine auf die Erde fallen zu können
oder nur ganz alleine ohne Zutun
über die Stufen einer Stiege zu springen
Unverständnis das als Klage
sich selbst bei dem jeweiligen Träger beschwert
oder Klage
die in einem einzigen Schatten sich verwirklicht

Schatten oder Sicherheit
da zu sein
in einer unlösbaren Beständigkeit
die einen Körper nicht verlässt

selbst wenn ein Körper sich das manchmal wünschen würde

Schatten oder Liebe
die begleitend über eine Erde
auf ihrer Oberfläche rauscht
und dabei immer lautlos bleibt
in den Geräuschen
die mit dem angrenzenden Licht
flammend spielen

Schatten oder Flamme
die aus einem Körper züngelt
um einmal nur dem Licht zu begegnen
oder über das Licht zu rollen
als wäre es gar nicht da
oder die Helligkeit zu bedecken
als eine Hand
die aus einem Körper Licht greift

Schatten oder Erkenntnis
die einer Sonne als Speicher dient
und dem Menschen angibt
wie spät es ist
oder wie viel Zeit benötigt wird
um Schatten der Nacht zu werden
oder die Erkenntnis als Schatten
ein Abbild des Seins zu ergeben

Schatten oder Höhle
die all das Wissen in sich birgt
das selbst aus einer Nacht
sich wieder der Erde hingibt
oder Höhle die im Schatten immer tiefer wird
und Abbilder auf Wände wirft
in denen man sich selbst schon gespiegelt meint

Schatten oder Sprache
die an ihren Spitzen
mit dem Licht spricht
dass nur die Sonne nicht aufhört mit ihrem Scheinen
oder Sprache

die eine Grenzwanderung
in ihren Worten betreibt
gerade dort
wo der Schatten eine Krone aus Licht bekommt
und selbst nicht weiß
warum die Sonne ihm diese reicht

Schatten oder Abbild
das ein Körper auf die Erde rieseln lässt
dass die Oberfläche der Erde kühlt
von so viel Sonne
wo eine Erde schon zu einem Schatten sagen würde:
komm und bedeck mich

Schatten oder Abhängigkeit
vom Licht
das sich durch die Luft schreibt
und dabei eine Danksagung
an den Schatten ausdrückt
oder Abhängigkeit
von einem Morgen
der über die Gipfel der Berge als Horizont rollt
und den Tag überrascht in seinem Erwachen
oder Abhängigkeit
die vergeht mit dem Untergang der Sonne
die keine Unterscheidung zur Nacht unterlässt

Schatten oder Wolke
die einander ergänzen in ihrem Wesen
an dem Ort
an dem eine Wolke es schaffen kann
einen Schatten aufzulösen
indem sie sich vor die Sonne stellt
und in ihr zum Schatten für die Erde wird

Schatten oder Klang
der einen Körper stimmt
für eine Erde da zu sein
oder Klang
der sich aus der zärtlichsten Berührung mit der Erde
in unzähligen flimmernden Formen ergibt

Schatten oder Wohnung
die seine ganze Geborgenheit aufnimmt
und in ihrer Geborgenheit als Verinnerlichung
über eine Erde strahlt
die sich oft willkommen im Verlassen
eines einzigen Schattens fühlt
oder Wohnung
die keine Türe für Vertrautheit
als ein Schatten benötigt

Schatten oder Suche
nach einem Leben
das sich immer nach einem Auge oder Ohr richtet
und sich dann als Schatten freut
wenn er sich mit einem Menschen
erholsam in einen Sessel setzen darf
und schweigt
was seine Unendlichkeit ausmachen kann

Schatten
der sich dann wie ein haariger Teppich
über ein Gras legt
um ihm die sanfteste Andeutung zu machen
mit ihm verwandt zu sein

Schatten oder Fassaden
die wie Masken von Körpern rinnen
immer von einem Innenraum nach außen
fließen ihre Schatten die Fassaden entlang

Schatten oder endlose Nacht
die sich als ein Kleid bildet
dessen Schwarz
sich nicht im Verlassen täuscht

23.02.2015

Schmerz

Selbst wenn der Schmerz gestorben ist
steht er wieder auf und sagt höchstens
dass er zwar versteht was ein Mensch meint
aber seine Sprache nicht

Ich möchte etwas wissen
das der Schmerz nicht weiß
und kann es doch nicht
so kann ich dem Schmerz nur eine Landschaft vorbereiten
in der er sich wohlfühlen darf

Schmerz
der sich nicht denken lässt
der sich auch nicht vorstellen lässt
weil er eigensinnig sein möchte
und nur für sich selbst da sein möchte
bedingungslos
ohne dass ihn etwas anderes interessiert oder ruft und bewegt
der sich selbst frei machen
und dafür sterben möchte
oder aus einem Fenster fliegen
oder über einen einzigen Baum springen würde
obwohl sein Träger das eigentlich gar nicht will

Schmerz oder Kind
das ja groß werden kann
oder erwachsen im Schmerz
und als erwachsenes Kind
das Schreien verlernt
oder müde im Schmerz geworden ist

der als stummer Schrei
oder lautloses Horchen
seinen Körper nahezu vollendet ausdrückt
fast so als würde er in eine mögliche
aber noch unvorstellbare Welt blicken

Schmerz oder Blume
die nur für den Schmerz wächst
die in so einer Sanftmut aus den Blütenblättern treibt
die selbst der Schmerz nicht vergisst
sodass die Blume alle Freigebigkeit lebt
um einen Menschen nur daran zu erinnern
dass *Leben* ist
oder gedankenlos zu vergehen

Oder Schmerz
der durch einen Körper rieselt
und sich an verschiedenen Orten in ihm aufhalten kann
als würde er den Körper zum Spielen einladen
und durch seine Ankunft sagen wollen:
verstehst du *jetzt*
was ich mit Leben meine?

Oder der Schmerz
der aus seiner Liebe zum Menschen
durch den Körper brennt
der im Grunde aus dem Menschsein
oder aus Menschen in uns brennt
der vor Schmerz sich selbst nicht mehr ernst nimmt
oder über sich selbst nur noch lachen kann
und im Lachen unaussprechbare Dinge sieht
oder so verzweifelt ist
dass er sich nicht mehr verlässt
oder Brand der sich fragt
ob es in der prallen Sonne nicht schon heiß genug ist
und Feuer sich nicht einfach durch Feuer löscht

Oder Ball der springen möchte
oder auf einem Ball tanzen möchte
damit er gesehen wird
aber das nicht kann
da sein Träger schon im Vergehen vor Schmerz ist

Schmerz
der sich um alles in der Welt ausdrücken möchte
als Zeichen
das auf einer Hausmauer als Sprung

nicht vergeht
und als dieser Schmerz der Zeit
nicht mehr geheilt werden kann
auch nicht mit einem Pflaster
oder einem Kuss

Schmerz oder Form
die zu fließen beginnt
die ausrinnt
bis die Form ganz trocken wird
oder sich verändert
und schon verzerrt oder unkenntlich wird
dieser Prozess
der den Kontrast zwischen Form und Inhalt zum Gären bringt

Schmerz oder Himmel
der aus ihm aus offenen Wunden strahlt
und den Menschen verstummen macht
aus den Wunden des Lichtes

Oder *Gehen*
aus sich gehen bis man in sich
sein Zentrum gefunden hat
oder gehen und nicht umfallen können
weil der Schmerz es verhindert
weil der Schmerz leben will
und sich selbst nicht aufgibt
außer er ist so verzweifelt
dass er sich nicht mehr auskennt

Labyrinth
das unzählig viele Auswege hat
und keinen mehr kennt
das aus dem Schmerz springen möchte
mit aber auch ohne Schuhe

Schmerz oder verloren
verloren aus Schmerz
verloren im Schmerz
verloren im Finden

Schmerz
der die Augen öffnet
der die Ohren hört
der die Innenseite des Körpers schmeckt
der die Außenseite der Menschen riecht
der mit der Hand in einer Landschaft tastet
die ihre Gedanken umschließt

Schmerz
der aufschreien möchte
der jemandem der ihn trägt nur die Hand geben will
und das nicht kann weil sein Träger nicht will
der Sterben möchte weil er verzweifelt
und aus diesem Schmerz leben muss
und sich selbst nicht mehr anschauen kann
der zu gierig in sich selbst ist
dass es ein anderes Leben nicht gibt oder nicht zugelassen wird
sich aber einwickelt in eine dicke Decke
und sich einfach geborgen fühlt
dort wo er sich aufhält

Schmerz oder Mensch
ja das ist wohl wahr
Schmerz oder Wahrheit
Wahrheit im Schmerz
Schmerz durch die Wahrheit
Mensch
lebe wohl

04.12.2015

Schönheit oder ein einziger Tag in vielen

Stimme
die noch einmal durch die Worte rollt
um die Erinnerung wachzurufen

Schönheit
die sicher nicht nach sich selbst fragt oder gar ruft
aber bestimmt das ist
was sie meint zu sein

Schönheit oder Erscheinen
in einem Morgen
der in seinem Wesen heranreift
als würde er Farben wie aus einem Traum
der noch nicht verhallt ist
einem Leben reichen

Schönheit oder allmählich über die Grenze des Berges aufgleißendes Licht
gewohnt von einer Sonne begleitet zu werden
die sich zu diesem Zeitpunkt noch nicht sicher ist
ob sie sich für die Dauer ihres Strahlens
nicht doch hinter einer Wolke verstecken sollte

Schönheit oder Licht
das über Augenlider streicht
und unter ihnen einen rötlich glimmenden Schimmer erzeugt
der die Augen daran erinnert
Morgen zu werden

Schönheit oder Ursprung
der in allen Formen reift
und sich langsam für die Augen
über diese Formen legt
als würden die Augen gerade darauf warten
dass der Inhalt der Formen
sie zur Schönheit in ihnen erreicht

Schönheit
die als Ursprung sich selbst erfüllt

und die Struktur in sich richtet ja ausrichtet
als hätte sie ein Ziel das es wert wäre
erreicht zu werden
aber
durch die einem Ziel anhaftende Negation
der Schönheit wie ein Spiegel
als Erwartung entgegenreift

Schönheit oder Ankommen
in einer Welt wie ein Sonnenaufgang im Morgen
der die Welt im Sichtbaren erst möglich macht
Lider der Augen
die nach der Farbe des Traumes
die aufgehende Welt als Wirklichkeit bemalen
ein einziges Ankommen der Füße
als eine beginnende Bewegung
selbst wenn der Morgen noch müde ist
und stillstehen will
oder Ankommen des Morgens in mir selbst
an Orten die in mir noch nicht sichtbar sind
oder die ich noch nicht höre
in ihrem Anwesendsein als ein Wasserhahn
der sein Wasser über meine Hände breitet
oder Stimme die mich aus einem Spiegel anschaut
als ein ganzer Tag vor mir

Schönheit oder ein Ankommen im Licht
das gemeinsam mit mir sich einem Tag hingibt
der eine verborgene Überraschung in sich birgt
als einzigartiger Tag
nur *einmal* da zu sein im Leben
und deshalb nahezu kristallisiert in seiner Blüte

Schönheit oder Sprache
die aus den einzelnen Buchstaben schlüpft
und über Worte erst die Sprache formt
und einen Klang über diese Sprache legt
als wäre er ein Schleier
der einen Glanz in sich trägt

Schönheit oder Quelle
die sie schützend in sich bewahrt
als wäre sie das Wasser
das die Formen auf der Erde
aus sich entstehen lässt
oder als die Stelle im letzten Winkel des Waldes
die schon gar niemand mehr erreicht
da sie sich im Sehen oder Hören
zu sehr ausdehnen würde
oder sich im Geschmack oder Riechen
zu sehr verdichten würde
oder aber die Schönheit des Tastens auflösen würde
als eiskalte oder noch viel kältere Quelle
die so kalt sich in Schönheit darstellen würde
dass allein ein Ohr sich fragen würde:
wenn ich auslösche Sinn und Ton -
was hör ich dann?

Und doch
wenn der Sinn für die Musik
dieser Quelle in mir versiegen würde
würde die Quelle doch weiter singen

Diese Quelle
die in sich so schön ist
dass sie nicht vergeht
dass sie sich auch nicht vergeht in einer Welt
die ja nur auf sie wartet

Schönheit die als Wind verkleidet
über die Flure saust
oder als Regen täuschend ähnlich der Sonne
nasse Strahlen auf die Erde scheinen lässt
oder als Gletscher der vorgibt
ein Speicher der Erinnerung von Landschaft zu sein
oder einfach Klima
das in seiner Veränderung
das Himmelsgewölbe erzittern lässt
oder noch einfacher Mensch
der die Schönheit lebt
aber nicht mehr wahrnimmt

oder zu weit weg ist von ihr
oder von sich selbst
Schönheit
die sich selbstständig gemacht hat
und unabhängig geworden ist
und ihr eigenes Sein des Seienden lebt

Schönheit
oder noch ein Tropfen mehr oder ein Tropfen weniger vom Himmel
oder kein Tropfen mehr vom Himmel
auf dem weniger manchmal mehr ist
dafür aber Sonnenschein
wobei zu viel davon
Trockenheit der Erde in ihrer Schönheit auslöst
die nicht ohne Folge wirksam sich bemüht
die Sonne doch zu überzeugen
Wolken auf ihrem Himmel fruchtbar werden zu lassen

Schönheit der Sonne
die es versteht
sich einfach durch Licht auszudrücken
in einer Vielzahl von Strahlen
die einmal flackernd, flammend über die Erde streichen
als würden sie feurig mit der Erde sprechen
dampfend
als würde eine Fruchtbarkeit aus Erde scheinen
ein goldenes Licht in einem Weizenfeld
Schönheit
die in und aus jedem einzelnen Partikel eines Feldes fließt
als ein eigener Fluss der Erde

Die Schönheit
die sich aus den Wundmalen von Hosen schreibt
und zu Gedichten von Moden wird
die nur auf ihren Trend wartet
um einer Interessengruppe zu schmeicheln
oder die sich in Masken hüllt
um nie im Leben Mensch zu sein
Schminke die Schönheit erhöht
um in sich zu leben

Eine Schönheit
die sich beachtet
da sie doch immer aus einem bestimmten *Abstand*
und dem dazu gehörenden *Winkel* kommt
als eine Öffnung
durch die ein einziger Mensch in Erscheinung tritt
als würde es etwas geben
das nicht schöner wäre

Schönheit oder Beständigkeit
die als Sonne ihre Position nicht verlässt
oder den Tag nicht im Stich lässt und weiter scheint
wie ein Prinzip im Konkretum seinen Ausdruck findet
und ein Modus durch die Struktur bedingt wird
wie die Welt in Schichten aufgebaut ist
und dadurch eine unbewusste Schönheit
empfindbar macht

Schönheit oder Hand
die ein Unaussprechbares
in unzählbare Zeilen aus Luft schreibt
und dabei nicht einmal aufhört im Denken

Oder Fuß
der in Schritten aus sich heraus in eine Landschaft geht
aus der die Erinnerung aus der Verbindung zu ihr dampft
als würde der Fuß noch einmal geboren

Schönheit oder Körper
der begreifen kann
was er in sich trägt
der durch sich das werden kann
was sie ist
Körper
der immer wieder mit ihr verbunden ist
oder sie zum Ausdruck bringt
auch wenn er dabei gerade gar nicht an sie gedacht hat
oder sie gar nicht will
dass er sich um sie bemüht
aber beide einander doch lieben
und nicht ohne einander auskommen

auch wenn es gerade Winter ist
und eine schöne Schneedecke
über dem warmen Körper der Erde liegt
fast wie der Körper
der plötzlich zu verstehen beginnt
dass da unter ihm ein schöner, warmer Körper ist
der geliebt, geachtet, gewürdigt
dem eigenen Körper entspricht

Und Schönheit oder Geld oder Gold
das als Werkzeug zur Muse wird
die ein Bild aus unmöglichen Farben erstehen lässt
oder einen Laib Brot der einen Magen füllt

Oder diese eine Schönheit noch
die eine Nacht als Licht in tiefe Finsternis taucht
wo in ihr der Ort begreifbar wird
der aus dem Licht in Schönheit
das Eine entstehen lässt

Schönheit
die um ein einziges Thema kreist:
ich bin

Schönheit oder *Negation des ausgeschlossenen Oder*

27.12.2014

Sterben

Sterben oder wenn ich gestorben bin
wer soll dann für dich sterben?

Sterben
wenn ich mir du wärst da vorstelle
wäre der Raum überrascht
denn er wäre dann in seiner Möglichkeit
einen Platz zu viel oder zu wenig darzustellen

Wenn ich mir du wärst da vorstelle
würde ich mit einer Blume zu sprechen beginnen
die sich fragt wer das ist
der zu ihr spricht
oder woher er kommt und seine Sprache

Wenn ich mir du wärst da vorstelle
würde meine Sprache zu rollen beginnen
oder über einen Purzelbaum springen
damit sich die Worte nicht verwickeln
oder schwindlig werden
ich würde die Buchstaben nicht mehr aus den Büchern lesen
damit du nicht mehr vergehst
oder ich würde einen Brief an dich schreiben
damit dir klar wird
dass du lebst

Wenn ich mir du wärst da vorstelle
würde ich deine Haare wachsen lassen
einfach so
wie ein Gras nur wächst
bis sie dich ganz umschließen
und dein Leben zum Garten der Freude machen

Wenn du da wärst
würde ich noch mehr mit dem Ausdruck in deinem Gesicht träumen
oder wie ein Wind
in den Wimpern deiner Augenlider spielen
oder dich einfach im Sehen erkennen

Wenn du da wärst
würde ich alle Toten noch einmal
mit der Zeit begraben
die aus einer Zeit eine gebrochene Verbindung löst

Wenn du da wärst
würde ich mit dir leben
wie bisher
an Orten die ohne Frage leben
die nur das Leben nicht in Gedanken vorstellt

Wenn du da wärst
würde ich dich auf deinen unmöglichen Wegen begleiten
über die du selbst lachst
oder ich würde dort
wo du gerade nicht bist
neben dir gehen
oder ich würde selbst unmöglich sein
indem ich genau dort gehe
wo du nicht mehr gehst

Wenn du da wärst
würde ich die Erinnerung anhalten
einen Raum zu schaffen
der ein Speicher des Wachsens
der Natur in dir ist

Aber schau
ich bin nicht mehr da
auf meinen Wegen
oder in meinem Nebel
oder in meiner Luft des Atems
ich bin nicht mehr da
in den unzähligen Stimmen des Lebens
ich bin im Sterben aller Wege
bin im Sterben aus den Sternen
bin in dem Sterben durch die Tropfen des Meeres
dem Sterben aus mir

Wenn ich mir du wärst da vorstelle
würde ich aus der Kraft der Landschaft sterben

Wenn du da wärst
wäre ich in dir

02.01.2015

Stimme

Stimme
die auftaucht in einem Himmel
und auf die Erde regnet
als würde die Erde nach ihr saugen
als wäre sie die ersehnte Feuchtigkeit
deren die Erde bedarf
um sich selbst wiederzuerkennen
als das was die Erde ist mit all ihrer Bräune

Stimme
die keine Hülle hat
aber sich selbst aus allen Buchstaben schält
in ihrer Unbescholtenheit
Sprache zu werden
die als Sprache einen Fluss daran erinnert
ähnlich zu sein
und immer wieder Wellen nach
außen
in die Welt formt
die doch auf die Erde tropfen
um einen Anfang oder ein Ende darzustellen
feucht oder trocken

Stimme
die daran erinnert
aus der Finsternis des Körpers zu kommen
ein Besuch
der sich nur kurz in seiner Dauer im Diesseits aufhält
aber fortwährend anzuhalten strebt
auf seiner Reise aus dem Jenseits
außer die Worte werden müde

Stimme
die nicht auf-hört
zu glänzen oder schimmern
da der Tag in seiner Helle anwesend ist
wie nur der Glanz auf einem See
der unendlich tief scheint

und dessen Strahlen
am Grund des Sees
in Erde münden
wenn nicht in tiefe Erde

Stimme oder Erde
oder Erde der Stimme
oder Stimme der Erde
die zurückkehrt

16.12.2014

Sucht

Sucht oder Dinge
vielleicht letzte Dinge die mich umgeben
oder Dinge die ich nicht mehr verstehe
jetzt nicht mehr
da sie mir schon immer suspekt
inkonsistent erschienen
Dinge die aus Sucht Formen annehmen
die ich als Wohl empfinde
oder die in Sucht
für mich erscheinen

Oder der letzte Platz
an dem ich mich aufhalten kann
oder den ich halten kann

Sucht oder Wiederkehr
die meinen Platz in einer Welt nicht halten kann
aber in der Wiederkehr
eine Welt immer verleugnet
oder eine Reise
eine lebenslange Reise
die ohne tatsächliche Ankunft ist
außer die Ankunft sieht ab von einem Jenseits
oder Wiederkehr
in der Geborgenheit der Gefühle
die einen Tag ausmachen
oder zum Tag machen

Sucht oder Täuschung
die am ehesten nach der Täuschung sucht
und sie nicht findet
selbst wenn sie mit einem Fuß
über einen Fluss springt oder fliegt
der sogar ein ganzes Leben ausmachen kann
und die Suche womöglich löst
selbst die von letzten Orten
oder Täuschung
die sich nicht nur durch die Sinne breitet

sondern die Gefühle lebendig macht in ihrem Schein
wo die Täuschung auf ihrer Suche eine Wiederkehr
in einem einzigen Gefühl empfindet
von sich selbst enttäuscht zu sein
und darauf kommt dass sie sich darüber
dass sie es ist
die enttäuscht ist
nicht täuschen kann

Sucht oder Gegebenes
das endlos vor einem Gesicht liegt
wie eine Trophäe aus Leben
in der man den Geber und das Geben nicht mehr erkennt
doch vermisst hat
was die Sucht ist

Sucht oder Stille
außerhalb und in mir
weite Landschaft ohne Kontrast
oder Spitze des Berges
die nur noch höher in ihrem Stillstand werden kann
Glanz eines Feuers
das aus Lust auf einem See brennt
ersehnte Stille
die in mir ein Leben verbrennt
das doch noch einmal als stummer Schrei
oder lautloses Horchen
durch die graue Ödnis eines fahlen Lebens rauschen will

Sucht oder ich
in einem Gestern, in einem Morgen
das als Nichts
gebrochen aus all dem Himmelsgewölbe
kein Selbst mehr hat
das sterben könnte

Sucht oder Erfüllung
die der Körper nicht kennt
oder schmerzhaftes, verstecktes Wandeln als Schatten durch Gassen
die den Körper nicht kennen

oder Sucht die den Körper ausdehnt oder verdichtet
sodass ihn eine Gasse aufnehmen müsste

Sucht oder eine Liebe
am Leben anzuhaften
wie ein Geruch am Atem
oder Blütenblätter an einer Blume
oder ein Glas an seiner Durchschienenheit
Liebe die sich schätzt auf ihrer Suche nach dem Finden
oder in ihrer Selbstbezogenheit
die gewährt
was sie besitzen kann
aber
als ein Schlüssel
nie vergeht
ja niemals

02.01.2015

Vergessen

Wo ich mich vergesse
beginnt mein Menschsein
ich breite mich durch den Menschen aus mir

Wo ich mich vergesse
bleibt etwas von mir
als würde es liegend
nach einem einzigen Namen rufen
der die Stimme nicht mehr erkennt

Wo ich mich vergesse
reifen unzählige Gedanken
in anderen Menschen
an Orten
die vergessen auffällig werden
da dort etwas ist
das nicht so ist
oder aus einer Üblichkeit stöhnt

Wo ich mich vergesse
bin ich selbst aus meiner Erinnerung blickend
gerade so lange
bis ein Blick sich findet
in geborgenen Gedanken
die plötzlich vor Freude zu strahlen beginnen
und einen Weg sich ausdenken

Wo ich mich vergesse
werden meine Farben grau
vielleicht noch grauer
nur um allmählich wieder Licht zuzulassen

Wo ich mich vergesse
beginnt die Erinnerung bestimmt
mit mir zu sprechen
und weist mich mit Zielgerichtetheit
auf bestimmte Bahnen
die auch verblassen können
in einer ausweglosen Erinnerung

Wo ich mich vergesse
lässt eine Ahnung Tropfen fallen
die schwerer wiegen können
als mancher Regen
der doch eigentlich für Fruchtbarkeit sorgen sollte

Wo ich mich vergesse
können eigentlich nur Worte helfen
aus Bildern Bilder entstehen zu lassen
die als Neues sich anders anfühlen
als wäre ich selbst doch ein anderer Mensch
der ich noch nicht sein konnte

Wo ich mich vergesse
sage ich mir
dass du da bist
da ich womöglich eine Gischt des Meeres werden könnte
die nicht *lischt*

Wo ich mich vergesse
fühlen sich womöglich zwei Buchstaben vernachlässigt
da sie sich nicht am richtigen Platz befinden
und die Erkenntlichkeit nicht verwirklichen können

Wo ich mich vergesse
wird mein Gefühl ganz mulmig
oder färbt mein Gesicht sich ganz rot
oder springt als ein einziger Schritt
über einen Berg
der als ein Echo schallt

Wo ich mich vergesse
sind die Türen geschlossen im Schweren
das sich doch darum bemüht
immer und immer wieder kleine Öffnungen zu erzaubern
die sogar ein Lächeln mit einem verwegenen Rausch
über eine Wange blinzeln lassen

Wo ich mich vergesse
fallen deine Worte wie Brocken
von einem Himmel
den ich bewundere

da er mich erlöst
wenn er nicht erlösend verblasst

Wo ich mich vergesse
finde ich mich in Stücken
die so lange an mir formen
dass der Platz für sie stöhnt
in all seinen Namen
die doch ächzend
den Fluss in sein Bett treiben

Wo ich mich vergesse
hebt sich die Hand nicht auf einen Kopf
oder eine Stirn
sondern fährt zumeist oder bevorzugt
mit ausgestrecktem Zeigefinger durch die Luft
die sich über die erregende Geschwindigkeit des Fingers wundert
aber auch nicht seinen Gehalt
in die passende Form bringen kann
obwohl ja der Finger selbst weiß
dass er keine Übungen in der Luft machen sollte
sondern der Luft schmeicheln dürfte

Schlussendlich
vergesse ich
wo ich über einen namenlosen Berg unbeschrieben wandere
oder durch einen Fluss
von ausgeleerter Fülle schwimme
und doch wieder ein Ufer
meines Selbst erreiche
das eine Hoffnung
oder eine Selbstgerechtigkeit
an einen Pfahl aus unzähligen Möglichkeiten bindet

Wo ich mich vergesse
darfst du mir sagen
ich liebe dich
oder eine Liebe
vergisst nicht

22.01.2015

Wenn ich noch einmal leben könnte

Wenn ich noch einmal leben könnte
würde ich die Landkarte der Kindheit
über ein ganzes Leben ausbreiten
und in ihr versinken
als wäre sie ein Kind in mir
ich würde meine Zehen ausbreiten
über diese Landschaft
als nicht enden wollende Spitzen der Zehen
auf denen ich gerade fliege
ich würde die Gespräche mit den Blumen vertiefen
und in ihre Augen tauchen
bis die Schönheit, die Verbundenheit aus mir quillt
ich würde die Bäume fragen
ob sie meine Lehrer sein wollen
und ob sie mir das Schweigen beibringen können
damit kein Mensch aus mir spricht
ich würde den Wind besser beobachten
und lauschen
woher die Richtung in ihm kommt
und den Vögeln in ihrem Flug zustimmen
einen Himmel zu erfüllen
ich würde mich ohne Maß freuen
dass der Regen sich erquickt
und nicht aufhört zu regnen
damit das Land die Fruchtbarkeit
aus Tropfen gebiert
ich würde noch einmal über die Wiese laufen
oder sie be-rollen oder be-kugeln
bis der Schwindel mir Beine macht
und ich würde singen
bis meine Lieder
von den Gräsern dieser Wiese aufgenommen werden
als Geborgenheit in der nur Grünes wohnt
und überhaupt würde ich mit dem Licht spielen
bis es sich selbst und mich in Dunkelheit taucht
oder die Grenzen der Dinge
zum Schwanken bringt
oder ich würde dem Licht neue Namen erfinden

wie *Löcht*
da es so schön ist
oder *Lucht*
da es immer wieder an den Luxus des Lebens erinnert

Aber ich würde nicht noch einmal nachdenken
oder eine Frage stellen
oder etwas tun das sich nicht lohnt
ich würde auch nicht Regentropfen einfangen
auch keine herstellen
auch keine ausgeben
da ich das nicht gewohnt wäre
und ich würde ja nicht erwachsen werden
denn ich würde ja einfach nur wachsen

Da ich aber schon älter und eigentlich uralt bin
freue ich mich über die Falten
die wie Gebirge oder Furchen
auf meinem Körper auftauchen
oder ich habe ein Glück
das niemand außer mir sieht
oder ich weiß
dass ich die Kindheit in mir tragen darf
als ein Geschenk
das niemand versteht
oder ich sage mir selbst
dass niemand ist
als Persönlichkeit

Aber da ich eben uralt bin
weiß ich
dass das alles nicht so schlimm ist
denn wir können ja noch einmal leben
wenn ich noch einmal leben könnte
ach was
ich tue es einfach

Wenn ich noch einmal leben könnte
möchte ich tot sein
wie das Leben
oder in einem Begriff leben

wie Liebe
nur damit der Mensch in mir hellhörig wird
oder als Begriff
durch die Buchstaben der Worte fließen
und Wellen zu Schaumkronen machen

wenn ich noch einmal leben könnte
möchte ich mit der Zeit sprechen
damit sie sich zulässt
und nicht selbst verneint
oder blind wird
ich würde mit den Worten
Übungen machen
aus dem Fach Purzelbaum
dass sie leichter über Lippen rollen
und doch gehört werden

01.01.2015

Zu was sollte ich noch einmal lachen

Zu was sollte ich noch einmal lachen
nur damit die Zeit in dir vergeht
die ohne Lachen
anders aus dir entstanden wäre
oder damit die Trauer
ihren Platz nicht findet
um sich durch eine Person
als Leben wachzurütteln
sollte ich lachen
damit der Schmerz sich so verstellt
als wäre er gar nicht
oder lachen
damit der Himmel vergeht
auf den wir angewiesen

Zu was sollte ich noch einmal lachen
um die Luft süß zu besprechen
dass sie weiß
sich gut zu fühlen
oder sich selbst zu behaupten
im gewonnenen Streit
nicht lächeln zu können
oder damit sich die Luft
einfach in Leere füllt
und nicht mehr darüber nachdenkt
wie sie sich noch ausdehnen könnte
anstatt zu lachen
als ein Autoreifen aufzutreten

Zu was sollte ich noch einmal lachen
dass ein einziger Mund auf die Idee kommt
es einem anderen Mund gleichzutun
oder Augen zur selben Zeit strahlend werden
und sich dabei gar nicht selbst
zum Strahlen entschieden haben
wozu der ganze Rummel
der aus einem Körper bricht
oder platzt

wenn der Körper gar nichts dafür kann

Zu was sollte ich noch einmal lachen
wie ein Blatt
das den Frühling in sich keimen macht
oder ein Ball
der in sich immer näher zur Sonne des Sommers springt
einfach so
oder ein Glas Saft
das sich in sich als Flüssigkeit noch dreht
wo es von einer Hand die Fläche des Tisches erreicht
und geruhsam auf Lippen wartet

Zu was sollte ich noch einmal lachen
wo ein Raum zu klein und zu groß ist
ausgerechnet für das alleinige Geräusch
das Lachen wäre
oder wo der Raum
gar keinen oder zu viele Sessel hat
die ein Lachen einnehmen könnte

Zu was sollte ich noch einmal lachen
indem sich die Zeit lustig darüber macht
dass es sie gibt
oder dass gerade sie die Zeit des Lachens ist
oder Beflügelung von Wangen
die ohne das Lachen sich kalt anfühlen

Ja zu was sollte ich noch einmal lachen
was könnte das sein
das Sein lachend empfängt
und worin könnte Lachen getroffen werden
und sich erfüllen
in was sollte das Lachen fühlen
als wäre es
oder in einem Körper
zu was
dass das Lachen nach außen die Spitzen einer Wolke
fast wie ein Beben das sich spiegelt
in einem Bauch erreicht

Zu was sollte ich noch einmal lachen
über die Hügel einer Landschaft
oder die Tropfen eines Flusses entlang
um als Lachen wie Augen zu schweifen
um als Lachen fahrend zu werden
um als Lachen ein Wind zu sein
oder sich als Wind zu fühlen
der eine Form begreift
oder scheinbar zur Form wird
die doch nicht wahrgenommen wird

Ja zu was sollte ich noch einmal lachen
wenn ich in deine Augen rolle
oder mich im Land deiner Freude ausbreite

Lass mein Lachen einfach sterben
aus den Tagen
aus den Augenblicken
aus der Zeit
lass mein Lachen nicht mehr da sein
lass es nicht die Welt erreichen
lass mein Lachen gehen
an einen Ort
der in uns nicht bekannt ist
in seinem Namen
ein Ort
der mich brechen macht
aus dem Lachen der Welt
lass das Lachen noch einmal
als strömenden Regen
über den Asphalt plätschern
in all der Lust von Augen
die durch ihn rieseln

Lass das Lachen
lass es

23.05.2015

Farbe

Farbe
die nicht mehr spricht oder offen ist
eine Fläche zu erfüllen
und ihr all das Glück zu bereiten
das sie sich gedeckt nicht vorstellen könnte

Farbe
die Farbe hört
aus der Finsternis
ihres Gesanges

Farbe
die nur einmal in ihrem Leben rinnt
oder mit dir träumt
und dann
in sich zu dem erstarrt
was sie ausdrückt

Farbe
die öfter lächelt
als wir denken können

Farbe oder Leben
das man spüren kann
als eine Bewegung auf der Leinwand
diese Farbe kommt
und sagt etwas aus ihrer Sprache
die kaum jemand außer ihr versteht
oder ausdrücken kann

Farbe oder Licht
im Partikel
das verlangt gesehen zu werden
oder sich als Licht durch die Augen schreibt

Farbe
die erst durch die Fläche geboren wird
und so zum unerreichten Glück für Augen wird

die kein Zeichen ausmachen muss
oder das Zeichen erhellt
damit es zum Glanz im Sehen wird

Farbe oder Zwischen der Fläche und der Welt
als Anhaltspunkt der Augen
wo das Sehen nicht mit Leichtigkeit abrutscht
sondern wie ein Fluss durch die Farbe rinnen darf

Farbe oder Stille oder Ruhe in ihr
die nachdem sie geflossen ist
ihre Konsistenz erstarren lässt
und ein Erscheinungsbild für sich beansprucht
das gesehen werden kann
wo Sehen wie aus Farbe tropft
und zum unendlichen Fluss der Augen wird

Farbe oder Benetzung
die noch einmal und noch
von einer Tube über die Luft
auf eine Fläche springt
und sie zu dem macht
was sie sein könnte

Farbe
die nicht fragt
wer sie ist
oder woher sie kommt
aber für eine Hand da ist
um sie zu beflügeln
wo eine Hand sich schon einbilden kann
ein Vogel zu sein
und auf seinem Flug eine Welt betrachten darf
die sie sonst nur vermuten könnte
auch wenn die Hand einen Zweig braucht
um sich in dieser Welt heimisch zu fühlen
Vogel
der immer versucht
eine Verbindung der Welten darzustellen

Farbe oder Rollen
wo sich die Farbe wie ein Purzelbaum
in einer Wiese
den Kontakt auf die Fläche bedingt
und dabei nicht wie nur ein Mensch
dem Schwindel erliegt
aber dadurch Farbe ergibt

Farbe oder Sinne
die im Empfinden mit ihr verwandt sind
und sich an dem Ort im Menschen begegnen
der einen Geschmack oder Klang ausmacht
wo das Sehen der Vogel als Mittler wird

Farbe oder du siehst etwas was ich nicht sehe
weil nur nichts ist
aus dem etwas werden kann

Farbe oder Nacht
aus der sie reift
oder *jede Darstellung kommt aus der Finsternis*
und beginnt einen Morgen zu erreichen
fließt in ihn hinein

Farbe oder Unschuld
mit ihr verbunden zu sein
über sie zu sprechen
als könnte sie zum Glanz
in einer Form gelangen
aber das nicht tut
was ein Mensch träumt
und genau deshalb
in ihrer Unschuld Farbe bleibt
Strich im Fluss
Punkt im Strahl einer Sonne

Farbe oder Geben
als wäre unendlich ein Sand am Strand in ihr verbreitet
oder als würde der Schnee im Frühling
nicht aufhören zu schmelzen
oder Zurückgeben der Farbe eines Menschen an die Orte

die eine Farbe für sich benötigen
um zu sein

Farbe
die heute lächelt
und morgen verschwiegen
in ihre Trauer blickt
und die eine Farbe
die Verständnis und Geduld für einen Menschen hat
die sanft über seine Seele streichelt
und nicht davonrennt
wo das ein Mensch schon längst tun würde
weil er schon meint
erblindet zu sein

Farbe
die sich nicht verkriecht
oder in einen Baum klettert
sondern immer zu dem steht
was sie ist

Farbe
die heute nicht mehr lachen kann
oder über eine Sprache fliegt
weil sie schon ausgetrocknet
die Fläche bemüht
zu sein

Farbe oder Tor
wo auch immer

Schornstein
Kopfsteinpflaster

Farbe oder wie viele Wiesen
wie viele Berge
wie viele Flüsse
bin ich als Farbe gegangen
habe ich als Farbe
aus den Händen geträumt

15.03.2015

Körper

Körper der nur einmal die Welt erblickt
und das nicht kann
wenn seine Mutter ihn nicht auf diese Welt bringt
oder Körper
der seitdem er das Licht erblickt hat
einen Menschen trägt
zu dem er gehört
wo ein Mensch in dem Körper wohnt
und von ihm ein Leben lang begleitet wird

Körper
der bestimmt immer wieder
Verständnis für einen Menschen findet
und Nachsicht hat
an Orten
wo ein Mensch gar nicht an den Körper denkt
auch dort wo Orte Sprache begleiten
oder Sprache sich verliert

Körper oder Schutz
der an einer Haut beginnt
und eine weite Oberfläche bildet
von welcher der Schutz sanft
bis ins Knochenmark zieht
und von ihm gesteuert wird
als wäre der Mensch zu diesem Körper bestimmt
Schutz
der ein Angrenzendes immer wahrnimmt
oder sich gegenüber dem Menschen
im Körper nicht verstellen kann

Körper oder Glück
das genau in ihm lebt
und Freude an jedem Tag vermittelt
die Welt zu erkennen
oder von ihr umarmt zu werden
als ein Glück
das auf Füßen über die Erde geht

oder das Glück aus Augen zu staunen
oder aus Ohren zu hören
einfach das Glück
das durch einen Körper schwingt

Körper oder Generationen
die in einem Körper sich finden
wo der Mensch sich vielleicht ein Leben lang fragt
woher seine Stimmlage wohl kommt
oder der Mensch selbst erst lernen darf
sein Verhalten zu verstehen
als wäre es das Selbstverständlichste auf der Welt
Körper
der sich ohne Zusammenhang
womöglich aus der Generation
im Kreis dreht
ohne zu wissen warum

Körper oder Stille
die immer wieder in ihn horcht
als wäre die Stille im Körper
eine Unendlichkeit
die dem Körper niemand nachmacht

Körper oder Grenze
zu allem
was einen Anfang und ein Ende hat
oder sich höchstens
als Sprache in der Luft vermischt
und sich auch durchsichtig
aus der Luft löst
oder als Gewitterwolke
einen Schatten in den Gedanken erzeugt

Körper oder Liebe
die durch ein Leben bedingt ist
und sich am ehesten erfüllt
wenn ein Körper bei der Eigenliebe beginnt
und sie niemals aufgibt
oder aus ihr herauswächst
zu anderen Menschen

die gar nicht erstaunt sind von diesem Vermögen
Liebe
die aus zwei Körpern
einen macht
ist für diesen Körper
zur größtmöglichen
Pflege, Achtung und Würde auserkoren
und kann diesen Körper nur wieder geben

Körper oder Natur
die aus ihm spricht
in unzähligen Sprachen
die ihn dazu bewegen
immer wieder neu erfunden zu sein
Natur
die den Wandel der Körper
im Laufe der Zeit bestimmt
auch wenn der Wandel
dabei nicht über die Jahre springt
sondern den Körper der Zeit achtet

Körper
oder schönere Farbe ist nicht gegeben
es gibt diesen Klang nur einmal
Geschmack
der sich nicht vervielfältigt

Körper oder Sterben
der all die Zeit aus Leben mit sich nimmt
und in ihr sich selbst wandelt
zu einer neuen Zeit
der im Sterben
alle anderen Körper verblassen lässt
wo alle Körper aus ihm entstehen
ja Körper
der erkennen lässt
wo immer er gewesen ist

Sterben eines Körpers
wie eine dankbare Feder des Lebens
von einem Wind getragen

als Körper des Flusses, des Berges
bis hin zu einem Horizont

Körper des Lebens

13.03.2015

Trennung

Trennung oder Wort
das aus seiner Mitte heraus bricht
und wie zwei Fruchtschalen
auf der Erde liegen bleibt
um gesehen zu werden
in seinem klaffenden Riss
Milch die leise ruft
aus seinen Gliedern

Trennung
die schweigsam fortgeht
aus einer Welt
die sie nicht mehr sieht
die lautlos aufschreit
vor den Orten
die es nicht mehr gibt
Körper
der sich in der Trennung verlässt

Trennung oder blind für das Gesehene
wo das Zurück im Sehen
sich nicht mehr findet
und alle Formen sanft verblassen
als wären sie Gedanken
die gelöst sein wollen
und sich entspannen

Trennung oder Karton
der einen dumpfen Klang von sich gibt
in seiner Erinnerung
Fisch gewesen zu sein
der wartet geknickt zu werden
oder in Wasser
seine Kapazität zu verändern
zu saugen
bis die Poren der Vergangenheit
sich lösen
in Sein

Karton
der von selbst nicht steht
und nur dadurch
die Trennung andeutet
Karton
der kein Wort sagt
in seinem Gehaltenwerden

Trennung oder Widerstand
der nie aufhört
eine Blume zu sein
oder wo eine Blume im Widerstand
gar nicht mehr weiß
wer sie ist
und alle Lieder vergisst zu singen
Widerstand
der als Trennung biegsam bleibt
wo aber das eine Ende
nicht mit dem Anfang
zusammenkommt
und sich ein Kreis bilden könnte
in dem Gedanken fließen

Trennung
in der die Atome
im Widerstand brechen
und als Farben eine Fläche erreichen
die als Trennendes aus dem Körper entflieht

Trennung oder zwei Formen
die einander nicht mehr gleichen
die eins waren
aber aus dem Blut gegangen sind
wie ein Fluss sein Wasser
mit keinem anderen Flussbett teilt
und doch Wasser ist

Trennung oder Schleier
der sich von einer Haut abrollt
und am Boden liegenbleibt

als ein Stück
das nicht vergessen wird
aber das Ende in seiner Mitte trägt

Trennung oder hölzerne Wendeltreppe
die nicht knarrt aus Holz zu sein
doch Töne von sich gibt
als würde jemand in der Nacht
auf ihr steigend
eine Finsternis erreichen
und in Stille vergehen

Trennung oder Gedanken
die sich wie mit Wasser
langsam als Sand ansaugen
und ihre Konsistenz lösen
in einer Wandlung
die das Erscheinungsbild feucht macht

Trennung oder Wort
das wahrscheinlich nie das Passende
oder sanft Mutigste sein kann
oder sich einfach nur bemüht
findende Sprache zu sein
die sich aber nicht wirklich
an etwas anhalten kann
an einem Blick vielleicht
oder an der Wärme

Trennung oder Raum
durch den sie geht
der wohl nicht mehr begangen werden kann
wohin die Worte auch immer gehen
oder Handschuhe
die Worte ausziehen
die einmal warm waren
und abgelegt
allmählich aus Sprache auskühlen
oder die Trennung
die da und anwesend ist

und das eigentlich gar nicht mehr will
was sie können sollte

Trennung oder Leichtigkeit
die eine Sonne aufgehen lässt
weil sie wieder aufgehen sollte
weil ihr nichts anderes als aufzugehen übrigbleibt
die leicht und durchscheinend
aus deinen Augen schaut
und sanft sagt:
immer wieder

Trennung oder Füße
die nahezu unendlich gehen
und in diesem Moment
eigentlich nicht wissen wohin
wohin nur mit der Trennung
Versteck als Trennung der Wurzeln unter einem Baum
oder im Versteck des Schattens der Kühle eines Flusses

Aber niemals
Abschied aus einer Trennung

12.03.2015

Zeichnung (Elegie)

Zeichnung oder Strich
der aus der Darstellung der Finsternis
im Menschen kommt
oder Abschied aus dem Menschen
wo eine Hand nicht unbedingt winkt
aber den Abschied
klar im Strich ausdrückt

Zeichnung oder Haut
unter der nur noch die Finsternis des Körpers liegt
die nichts mehr blind sieht
und in sich eins ist
Haut die Konturen sichtbar macht
und Körper zur Form erhebt
die ohne die Haut einer Zeichnung
auf einer Fläche zerrinnen

Zeichnung oder Grenze
die sich als Linie ausdrückt
wo die Linie am Blatt zeigt
was auf ihm schon immer
aus der Verborgenheit gerufen hat
und Grenze im Menschen selbst ist
die ruft
um nur von Augen gehört zu werden
an den Orten
wo der Mensch aus Linie
eine Fläche berührt

Zeichnung oder Hand
die von Gedanken geführt wird
die auch versunken sein dürfen
als würde die Hand
außerhalb von Gedanken träumen
und vielleicht gar kein Ende
des Traumes ersehnen
Hand
die immer den Weg durch eine Fläche findet

und genau an diesen Orten der Zeichnung verweilt
die Konstellationen der Fläche erheben
und dadurch den Zusammenhang
im Bild herstellen
Hand
die bereit ist
die Botschaft zu vermitteln

Zeichnung oder wie in einem Märchen gehen
und ein Netz ausbreiten
das aus Augen sichtbar wird
und eine Geschichte erzählt
die für jedes andere Auge
einen eigenen Inhalt bewahrt
der von einem Baum erzählt
oder über die Häuser spricht
oder aber das Unbekannte
außerhalb
in einer Imagination bewahrheitet

Zeichnung oder Akt
der zu einem Körper wird
wo der Akt aus der Hand
des zeichnenden Körpers kommt
und Fleisch wird
das sonst nie auf eine Fläche sich schreibt

Zeichnung oder Symbol
das in den Gedanken dieselben Lieder singt
vielleicht nur in einem anderen Klang
oder Symbol
das als Fisch
in der Zeichnung schwimmen lernt
weil es ja grundsätzlich nicht im Wasser geboren wurde

Zeichnung oder Kritzelei
die die Lust des Papiers ausmacht
so richtig zu lachen
da die Oberfläche so kitzelt
dass selbst wenn die Gedanken der Kritzelei
schon getrocknet sind

die Striche noch keine Ruhe gefunden haben

Zeichnung oder Bedecken der Gedanken
aus der eigenen Sprache
oder Liebe oder Zerstörung
Fährten
die schnell über eine Fläche rauschen
und dieses Gebiet
zu einem unvergessenen Weltall machen
das selbst Erinnerung überdauert

Zeichnung oder letzter Schrei
einer Geburt
die durch ein Blatt Papier verstummt
oder endloser Blick der Erinnerung
an anhaftende Empfindung

Zeichnung oder Poesie
die ermöglicht
aus Strichen zu denken
oder Sprache zu erzählen
oder wo das
was eine Geschichte bekommt
vor dem liegt
was ausgedrückt werden kann

Zeichnung oder einmal springen
meine Augen noch über alle Linien
oder fliegen wie ein Vogel über Zeichen
die mein Jenseits einem Abbild reichen

Zeichnung oder Stille
im Kopf
im Bauch
im Fuß
an all den Orten im Menschen
die als Linie aus ihm gereift sind
im Geben
und diesen Körper erfüllt haben

Zeichnung
oder noch einmal sehe ich dich nicht
aus all dem Licht einer Entscheidung

Zeichnung oder Schwärze der Nacht
die einen Tag aus dem Morgen hebt
was einen Strich bewegt

19.03.2015

Freundschaft

Freundschaft so wie ein Horizont
der in uns zu einem Bergrücken wächst
unter dem sein Land geborgen liegt
das genau weiß
dass der Bergrücken das Licht des Tages misst

Freundschaft oder Eisdecke im Winter
die uns in ihrer Macht anmutig trägt
um nur im Sommer
aus dem Verschlingen des Lächelns zu brechen
wenn das Eis uns auf der Zunge zergeht

Freundschaft oder Worte
die sich von den Worten abheben
die gesprochen werden können
und doch die Grenze immer pflegen
für den Freund in ihnen da zu sein

Freundschaft oder Flug
wo im Leben
das Abheben nur in der Gegenseitigkeit stattfinden möchte
und wir im Flug
die Zone nicht verlassen
in der nichts mehr besprochen wird

Oder Freundschaft
die der eigentliche Reichtum am Leben ist
Augen
die Zeit haben
einander zu sehen
Blumen
die in ihren Blütenblättern
im Öffnen
den Raum
Leben
füreinander bilden

19.12.2016

Nachwort

Regen, Gärten, Nacht, Leere, Vergessen, Schönheit: Begriffe um die die Gedichte Rudolf Kriegers kreisen. Bereits aus der Themenwahl lässt sich folgern, dass Krieger keine zeitgemäße Lyrik verfasst. Daher ist auch nachzuvollziehen, warum diverse Literaturbeiräte, die sich aus Universitätsprofessoren und anderen Beamten des Zeitgeists zusammensetzen, vermeinen den Druck seiner Lyrik nicht fördern zu sollen. Was sie wie üblich übersehen ist, dass Krieger seiner Zeit voraus ist – aber nicht im modernistischen ewig auf Neuerungen schneidig gerichteten Sinn, sondern im ganzheitlichen – in einem in Zyklen schwingenden – Geist, der kurzsichtige Betrachter glauben lässt, sie würden mit Althergebrachtem gelangweilt. Sie begreifen (noch) nicht, dass solch Lyrik exakt die Gegenwart erfasst einer Sehnsucht nach dem Bleibenden, nach den Wurzeln, dem Licht und der Nacht, in der jenseits des gleißenden Scheinwerferlichts der Neuzeit Ewiggültiges sich birgt, heranreift, in zeitgültigen Formen sich offenbart.

Kriegers Gedichte mäandern bzw. kreisen um die oben erwähnten Begriffe; unberechenbar aber konstant kehren seine Worte zurück zum Ausgangsort; erweisen dadurch dem zyklischen, dem weiblichen Sein der Welt Respekt; das Einbergende, das Runde, das Wiederkehrende und Ewige wird gefeiert. Der Versuch des promovierten Holzbildhauers (der herrliche Arbeiten mit Eis und Feuer schuf) funktioniert: er haucht den Begriffen Leben ein. Der Bildhauer vermag keinen Baum zu bauen; selbst der Begabteste schafft dies nicht. Aber als Dichter gelingt es Krieger seine Worte wie Blätter an den Stamm der Begriffe zu pfropfen; so erschreibt er Wirklichkeit, Dasein, Schönheit. Veredelt als Schriftsteller sein bildhauerisches Werk.

Das zyklische Kreisen der Wörter um die Ausgangsbegriffe bedeutet solchen Linearitäts-Fetischisten natürlich wenig, die Alleen hinaus in das Nichts anlegen, parallel zu den Boulevards des Zeitgeists, der in Sinnlosigkeit, Nihilismus, Destruktion sich verflüchtigt. Die Abläufe der Natur, das Weiche, die Rundheit, der Mond, die Nacht erschrecken die Fortschrittsgläubigen zutiefst. Ihr Fortschritt führt ja fort von allem was lebt, gedeiht, reift, pulst und quillt. Diese „männliche" Angst vorm Leben, vor dem Nicht-Herstellbaren, Nicht-wissenschaftlich-und-technisch-Herbeiführbarem, Nicht-Kontrollierbarem spiegelt sich kalt in einer seit den Beginnen der Moderne (mit James Joyce, Gottfried Benn, Friedrich Nietzsche) mathematisierten und entmoralisierten Literatur. Die Vorstellung der Unendlichkeit als Funktion der Linearität schafft Destruktion, Narzissmus, Ich-Vergottung: Die Wörter der Modernismus-Apologeten toben eisig ins Vakuum der Nichtwiederholbarkeit, des Vergehens ohne Wiederkehr, des kalten, leeren Todes hinaus. Kriegers Sätze jedoch kehren um, zurück, ja – kommen uns entgegen. Und bringen den Regen mit, Gärten, Vögel, auch Angst und Irritation; verweigern sich aber nie dem Leben, verdorren nicht in den Dornenbüschen der Verdrängungsliteraten aufgespießt wie funkelnde Käfer. Sie spreizen die Flügel, manche flattern los, andere bleiben auf den Blüten sitzen – wandeln sich und sind doch die gleichen. Entfaltung, Leben, Wachstum in der Bestimmung, dem eingeschriebenen Leben ist ihr Sinn und Ziel. Das I Ging inspiriert Krieger, mystische Schriften christlicher und jüdischer Meister. Seine Gedichte beweisen im schönsten Sinn des Wortes ebensolche numinose Qualität. Sie Umkreisen das lebendig Sichtbare, um das Unsichtbare, das dahinter wirkt und west, erkenntlich zu machen. Wie Weihrauch vor dem Tempel beglaubigen sie die Wirkung des Luftzuges, des Windes, der als göttlicher Atem seine Arbeit beeinflusst bzw. beeinwindet.

Und Schönheit manifestiert: „ich würde meine Zehen ausbreiten / über diese Landschaft / als nicht enden wollende Spitzen der Zehen / auf denen ich gerade fliege / ich würde die Gespräche mit den Blumen vertiefen / und in ihre Augen tauchen / bis die Schönheit, die Verbundenheit aus mir quillt / ich würde die Bäume fragen / ob sie meine Lehrer sein wollen / und ob sie mir das Schweigen beibringen können / damit kein Mensch aus mir spricht...", heißt es im Gedicht „wenn ich noch einmal leben könnte".

Solch mystische, wurzeltief lebendige Literatur tut unserer entleerten, entseelten Zeit bitter not.

Manfred Stangl, Februar 2o17

Rudolf Krieger wurde am 19.08.1967 in Eibiswald in der Steiermark geboren. Er besuchte die Ortweinschule für Kunst in Graz, Steiermark. Danach absolvierte er die Fachrichtung Bildhauerei auf der Universität für Kunst in Linz bei Professor Erwin Reiter. 2001 schließt er mit dem Diplom ‚Stabilität-Labilität' das Studium mit dem Titel des Magisters für Kunst ab.
Rudolf Krieger arbeitet in den Gebieten Bildhauerei, Malerei und Literatur. Er schafft neue Einblicke in die Grundfragen der Kunst: die Auseinandersetzung mit der Frage nach der Harmonie in den Relationen der Farbe und Form schafft grundlegende Zugänge zur Virtualität der Kunst. Rudolf Krieger führt horchende Betrachter an die Quelle der Entstehung der Kunst und formuliert den Ansatz: ‚jede Darstellung kommt aus der Finsternis'.
In seinen Gedichten vollführt Rudolf Krieger ein bi-konditionales Denken, das den Anderen und das Andere einschließt, um einen Öffnungsprozess im gesellschaftlichen Wandel zu gestalten. Sein umfangreiches Sprachsystem schafft die Möglichkeit, dass Sprache über sich selbst Aussagen macht und somit über eine in ihr liegende Wahrheit spricht.
Rudolf Krieger untermalt seine Auftritte, um ihnen Möglichkeit zu bieten, aus der Anwesenheit reifen zu dürfen.

PAPPELBLATT
ZEITSCHRIFT FÜR LITERATUR, MENSCHENRECHTE UND SPIRITUALITÄT

Abonnement:

PAPPELBLATT Zeitschrift für Literatur, Menschenrechte und Spiritualität
erste ganzheitliche Literaturzeitschrift

3 Ausgaben/Jahr: 15.- € inkl. Versand (EU 23.- €)

zu bestellen unter:
bestellungen@sonneundmond.at
oder Tel: +43 (0)699-11446340

Mehr zur Zeitschrift unter:

www.sonneundmond.at

„DAS JAHR DES BLUTMONDS –
Logbuch vom Ozean des Todes und des Trostes", v. Manfred Stangl
edition sonne und mond, Wien, 2. Auflage 2017,
88 Seiten, Paperback, 9,90 Euro,
ISBN: 978-3-9502704-8-8

Wir begleiten den Verfasser durch seine meditative Trauerarbeit und erleben mit ihm, wie die Gattin, Suthamas ist ihr Name, gehen darf, rasch, unerwartet, trotz ihrer schweren Krankheit, geleitet von ihren Freunden, den Krähen, die mythologisch schon immer Begleiter des Göttlichen waren.

„Wir alle werden gehen; gehen und kommen, kommen und verwehen."

„Was ist der Tod gegen die Ewigkeit, gegen die Unendlichkeit der Seele, dem Atem des Alls, der Größe des Göttlichen, der ewig seligen Eingeborgenheit in Gott?", das sind Fragen, die mit diesem berührenden Werk gestellt werden.

Manfred Stangl setzt mit diesem Werk ein Monument der sprachlichen Schönheit.

Sonja Henisch

Weiters in der edition sonne & mond erhältlich:

Ähren einer
Ästhetik der Ganzheit
von Manfred Stangl
Preis: 6,90.- Euro, inkl. Versand
ISBN: 978-3-9502704-3-3
brosch., 30 Seiten

Eingedenk der Disharmonie-Ideologie Moderner Kunst und postmoderner Beliebigkeit, die willentlich blendet, erkläre ich, mit Bezug auf die Weisheit der Bäume, deren Prinzipien ganzheitliche Ästhetik blühend verwendet: Alles Moderne beendet!

„DAS GEHEIMNIS"
v. MANFRED STANGL

edition sonne und mond, Wien, 2011,
144 Seiten, gebunden, mit 8 Aquarellen
Wolfgang Eberls, 16 Euro,
ISBN: 978-3-9502704-6-4

„Das Geheimnis" ist der literarische Versuch, mystische Erfahrungen, Ekstasezustände, Meditationserlebnisse, Stillewerden, Meditationsrhythmen in Sprache umzusetzen. Zugleich wird bildreich der spirituelle Pfad zur Erleuchtung geschildert, und ein Leben darüber hinaus.

Die Erfahrungen, die beim Öffnen der diversen Chakren auftreten, in Poesie und Farbe gewandelt, ermöglichen zudem dem Suchenden sich auf seinem persönlichen Weg zu verorten, und mögen in der Weite und Schönheit des Geschilderten auch Inspiration und Anleitung sein.

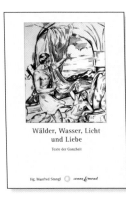

„Wälder, Wasser, Licht und Liebe -
Texte der Ganzheit"

Hg: Manfred Stangl, Wien 2oo9,
196 Seiten, geb., 18.- Euro + Versand
ISBN: 978-3-95o27o4-1-9

28 Autoren vermitteln ihre Vorstellungen von ganzheitlicher Literatur darunter Andreas Okopenko, Michael Benaglio, Peter Oberdorfer, Ixy Noever, Ortwin Rosner, Silvia Constantin...

Menschenbäume blühen gelehnt an Apfelträume; Meereszungen verkünden mit der Kraft der Himmelslungen: Stille, Farben, abgeheilte Narben. Der betörende Duft der Linden weist Verlorenen eine Art nach Hause zu finden. Die Nacht lockt mit einem Mond, der gemeinsam mit den breitschultrigen Bergen in einem Tautropfen wohnt...

Informationen zum Verein Sonne und Mond – Förderungsverein für ganzheitliche Kunst und Ästhetik sowie zusätzliche Buchtitel und die Zusammenfassung der „Ästhetik der Ganzheit" von Manfred Stangl
unter www.pappelblatt.at oder www.sonneundmond.at